『16歳からの起業塾』講義風景

（大阪市立大阪ビジネスフロンティア高校にて）

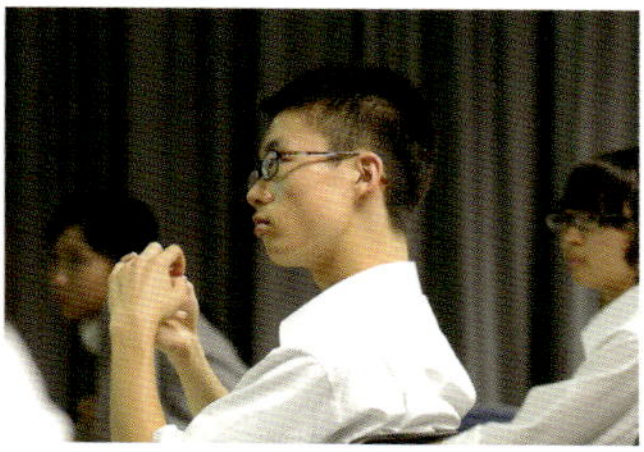

講師：谷岡 樹（八戸ノ里ドライビングスクール 代表取締役）

講師 : 北野 嘉一（税理士法人 Y.K.C. 代表社員税理士）

講師 : 角濱 功治（角濱ごまとうふ総本舗 専務取締役）

講師：増尾 朗（マスオグループ 代表取締役社長）

講師：池端 美和（発光土地建物 株式会社 代表取締役）

『16歳からの起業塾
―こんな生き方もあったのか！―』プログラム
案内媒体・教材

案内リーフレット（A4 判 4P）
〔2016 年 2 月発行〕

講師用教材（A4 判ペラ・CD ／パワーポイントのスライド画面
36 枚・台本／ A5 判 40P）〔2017 年 3 月発行〕

案内リーフレット
（A4 判ペラ）
〔2018 年 4 月発行〕

NBKニュービジネスアワード「U-19」賞

1989 年から続く NBK 主催のビジネスコンテスト。
2017 年、「イノベーションの担い手となる若者を育てていこう」と中高生を対象にした「U-19」賞が新たに創設された。

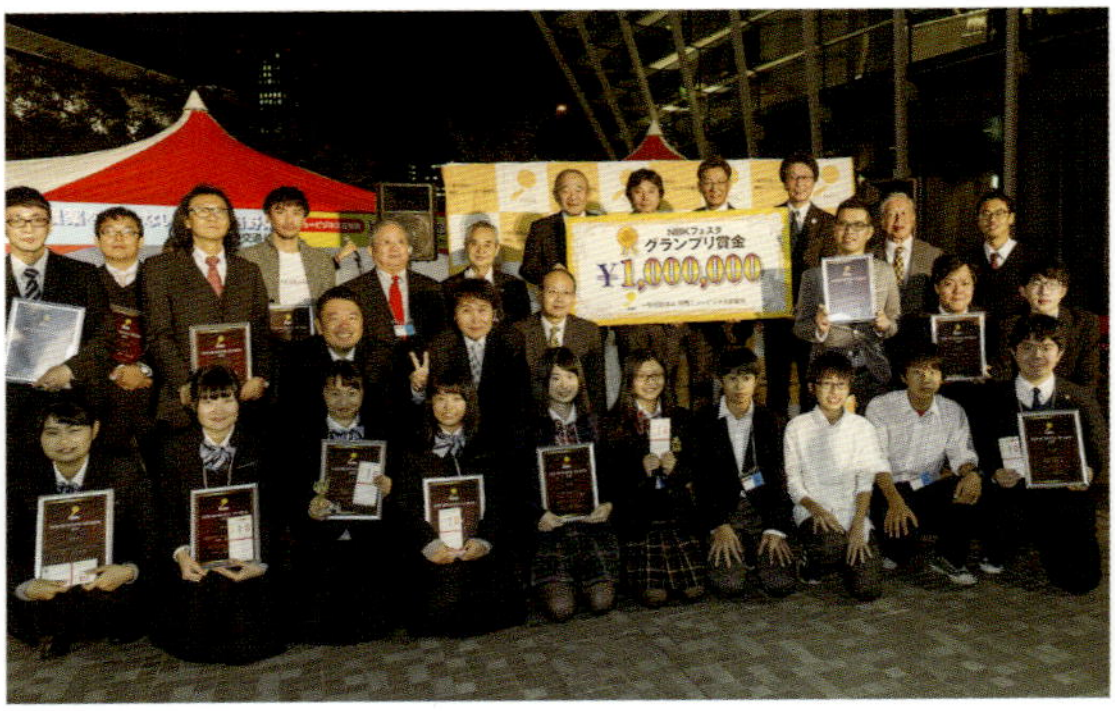

2017 年 11 月、NBK フェスタで執り行われた表彰式にて

ダイヤモンドな
君たちに贈る
奇跡の授業

16歳からの起業塾

一般社団法人 関西ニュービジネス協議会

どりむ社

はじめに

16歳のころ、あなたが思い描いていた未来の進路はどんなものだったでしょう？

おそらく「就職」か「進学」のいずれかの範囲での夢想だったのではないでしょうか？

これら2つの選択肢は、〝安定した人生を送るため〟という前提のもと、長く若者に提示されてきたものですが、イノベーション、グローバル化、AI（人工知能）の出現……と変化が大きくかつスピーディーな現代においては、〝安定した人生〟を前提に進路を考えること自体が、リスクとなりつつあります。

本書は、そんな変わりゆく未来を生きる高校生に、「そんなに足下ばかり見て進路を決めなくていいんだよ」「自分の人生を自分でコントロールできる〝起業〟という選択肢もあるんだよ」と伝えるべく奔走する、関西ニュービジネス協議会（ＮＢＫ）に所属する経営者らの取り組みをまとめたものです。

第1章では、現役経営者である〝おっちゃん先生〟が高校で実施する『16歳からの起業塾』の様子を、第2章では、『16歳からの起業塾』が完成するまでの経営者らの格闘を、第3章では、『16歳からの起業塾』に対する学校現場からの評価・期待を紹介しています。また、巻末付録として、ＮＢＫ会員でもある若手起業家のユニークかつ真摯な生き方を紹介しています。

どこから読んでいただいても、また、おいくつの方が読まれても、未来を見据えて躍動するピュアな〝おっちゃん先生〟の情熱と、教諭や高校生らの伸びやかな反応に、必ずやワクワクしていただけるであろうことをお約束します。

もくじ

第2章
『16歳からの起業塾』誕生までの物語　43
―経営者が、高校生に伝えたいこと―

第3章　学校から見た『16歳からの起業塾』　111

―教師が、高校生に備えたい力―

第1章

『16歳からの起業塾』講義リポート

—君たちの未来は希望にあふれている！—

おっちゃん先生がやって来た！

キ～ンコ～ンカ～ンコ～ンとチャイムが鳴った。大阪市内の高校、1年生の教室だ。

「きりーっつ！」

前方の教諭の掛け声が響くと、椅子に座っておしゃべりに熱中していた生徒たち約40人が一斉に立ち上がる。

「礼っ」

声に合わせて礼をする生徒たち。

教諭から簡単な連絡事項が述べられた後、教壇の主役は初めて見る〝おっちゃん〟に交代する。この授業の講師だ。

高校生ともなるとさすがに見慣れぬ外部講師を前にしても落ち着いたもので、静かに第一声を見守っている。その一方で、着席早々にダウン、ぐったりしている生徒も一人二人と見受けられる。無理もない、6時間目、午後2時25分スタートのけだるい時間帯だ。

「今日の授業ってテストにも出ませんし、すぐに得するってこともないんやけど、多分この学校を卒業して、3年、5年、10年経った時に、ふっと、『そう言えば、そんな話聞いたことあるなぁ』って役に立つ日が来ると思います」

講師のおっちゃんは、「自動車教習所を経営しています」と自己紹介。高校1年生はまだ運転免許は取れないけれど、「なるほど、免許を取るとなったら、こんな所に通って練習するんだな」とそれなりの関心を持って、スクリーンに映し出される教習所の風景を眺めている。

「将来、免許を取る予定のある方、後でおっちゃんにこっそり声掛けてくれたら、割引チケットくらい渡しますから」

さすが社長、さらりとセールストークを織り込んだかと思いきや、画面を本題にさっと切り替えた。最初に現れたのは、プロサッカー選手、本田圭佑が正面を見据える『日経ビジネス』(2016年3月7日号)の表紙。

「この人知ってる?」

「本田!」

『日経ビジネス』(2016 年 3 月 7 日号)

見るからにサッカー部と思われる男子生徒の声が上がる。

「そう。先日、こんなニュースがありました。本田圭佑氏がクラウドファンディング『Ｍａｋｕａｋｅ』に出資。本田圭佑はみんなよく知ってると思うんだけど、このマクアケを知ってる人いてる？」

おっちゃんの問い掛けに生徒らはシーンとなった。

「知らんよね。うん、そうやと思う」おっちゃんは、次の質問をする。

「では、クラウドファンディングって言葉を聞いたことある人！」

半分ぐらいの生徒が手を挙げた。

「すごい、すごいすごい。高校1年生でクラウドファンディングを知ってるって！ありがとうございます」と大いに喜ぶおっちゃん。

「でも、世の中のほとんどの人はまだ何のことか分からないんだよね。クラウドファンディングってつくりたい製品やサービスをインターネットで公表して、お金を集める仕組みのことですね」

次に、スクリーンには芸術的な料理の写真が映し出された。

「これは会員制のレストランです。『ミシュランの星付きシェフがあなた専用のコース料理をつくります』というのが謳い文句です。年会費10万円、1日1組限定で、1人２万円のコース料理を提供する超高級レストラン。ただし、このレストランはまだできていないんです。そこで、まず「一人ひとりのお客様のためにその日限りの料理をつくりたい」といったレストランのコンセプトとともに、『４万円出してくれたら年会費なしでディナーに招待します』などとネットに載せて資金と会員とを集めました。目標金額は３００万円でした。すると『こんなレストランに行ってみたい』という会員希望者が５００人以上も現れて、何と２０００万円以上の資金が集まりました（２０１８年8月末時点）。こんな店やりたくないですか？　宣伝とか広告は何もしていないのに、クラウドファンディングって仕組みを使ったことで、開業資金が集まっただけじゃなくて、このレストランはオープンから２年先まで

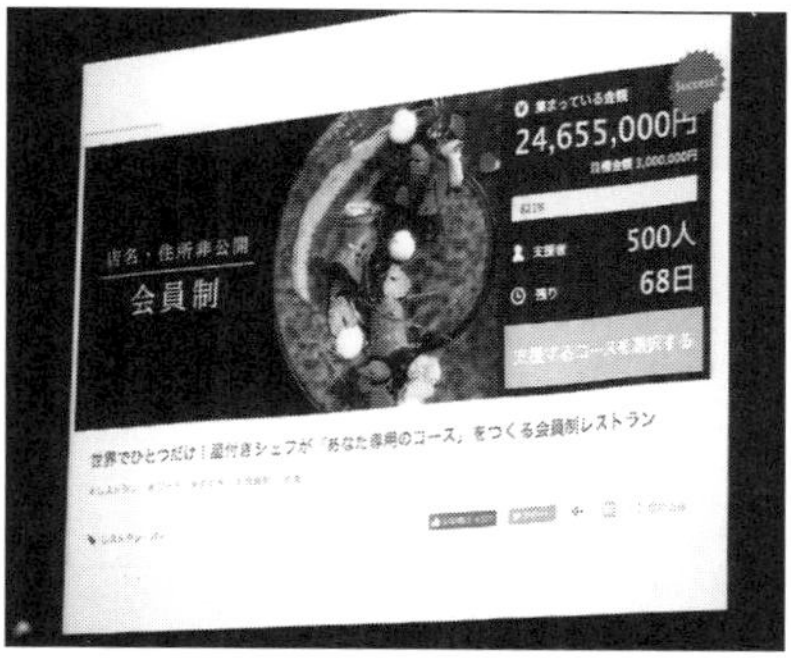

『Makuake』ウェブサイトより

ずーっと予約のお客さんで埋まってるんです。すごいでしょ、これがクラウドファンディングの世界です。和歌山の会社で1億円以上集めた会社もあるんです」

日本のクラウドファンディング史上、最高額の1億２８００万円（２０１８年10月15日時点）を集めたのは和歌山市の『ｇｌａｆｉｔ《グラフィット》』という会社だ。折りたたんで持ち運びできる電動バイクを考案したが、まとまった台数を生産、販売する資金力がない。そこでクラウドファンディングでその資金を集めたのだ。簡単に言うと「そんな乗り物がほしいな」と思う人が、商品と交換で代金を支払うのではなく、代金を先払いして予約するイメージである。バイク1台が12万円ぐらいするため、クラウドファンディングの申請額としては高額だった。当初は金額のハードルが高いと思われたが、公開したらあっと言う間に目標額の３００万円に達して売り切れてしまい、追加募集したところ1億円を超えたといういきさつである。（巻末付録に関連記事あり）

そこまで話しておっちゃんは一息つき、次に大声で叫んだ。

「この時代に生まれてここにいてる君らって、めちゃくちゃツイてる、とんでもなくラッキーなんですよ！」

この辺りで、生徒たちの目つきがやや真剣味を帯びてくる。寝ていた生徒も、取り敢えず起き上がりぼんやりながらも聞く態勢になっている。このおっちゃんは、自分の人生に「得になるであろうこと」を教えてくれようとしている、と察知するのだろう。

「おっちゃんが自分の仕事で資金が必要だった時は、クラウドファンディングなんてこんな仕組みはまだなかったです。だからどうするかっていうと、銀行に行ってお金を貸してもらうんです。『お金を貸してください』って頭を下げて事業計画を出したら、たいていこう言われます。『担保はありますか？』って。担保っていうのは自分の家とか土地なんかです。事業に失敗して借金が返せなくなったら、銀行はそれを持っていくんです。お金を借りるためには、それ相応の担保を差し出すのが当たり前。担保となる財産がなければ、融資も受けられませんでした。でも今は、アイデアと技術があれば、それだけで1億円を集めた人が本当にいるんですよ。レストランやりたいシェフが2000万円集められるんです。こんな話が日々、次から次へと新しく生まれています。インターネットが普通にある時代を高校生で迎えている君たちは、めちゃくちゃツイている。おっちゃんは今、48歳です。30年前の高校生の時、自分でビジネスを起こす、起業する、多額のお金を借りるなんて、夢のまた夢の世界でしたけれども、君たちの場合はスマホの中にその種が埋まっています」

そこからおっちゃんは、中小企業が減っているという日本の現状を述べた。

「中小企業って分かるよね？　パナソニックとかトヨタなんかは大企業と言います。中小企業っていうのは、社員が３００人以下とか50人以下とか、それぐらいの会社です。それが２００９年ぐらいからだんだんだんだん減って

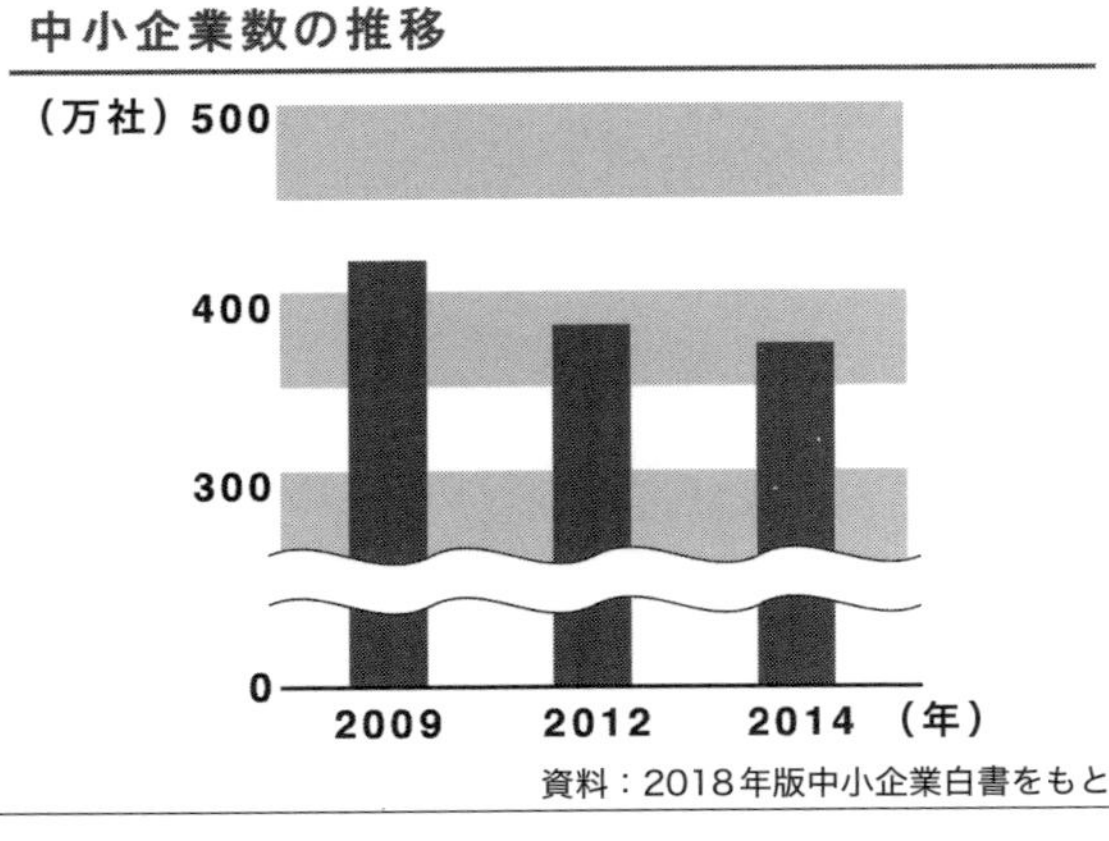

資料：2018年版中小企業白書をもとに加工

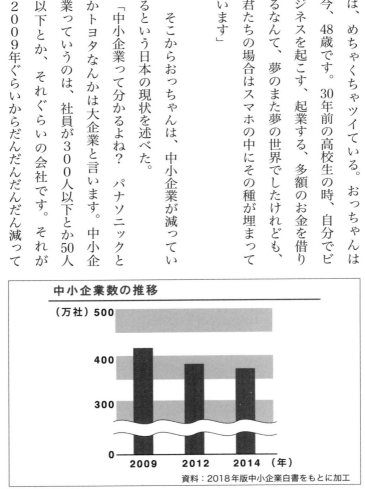

いるんです。でも、日本の会社の99・7%が中小企業なんです。つまり、会社のほとんどが中小企業。だから皆さんが学校を卒業して就職するとなれば、それは中小企業である可能性がかなり高いです。その中小企業がこのままどんどん減っていったら、どうなるでしょう?」

おっちゃんは生徒たちの机の間に入って行き、一人の女子生徒に「どうなる?」と聞いた。

「……働けなくなる」

「せやね、人を雇ってくれる所が少なくなって働けなくなってしまう。素晴らしい、拍手〜っ!」

生徒たちにどんどん話しかけ、回答には常に〝拍手〟を求めるのがおっちゃん流だ。やけに明るいおっちゃんにつられ、生徒たちがパチパチと拍手したところで、おっちゃんはまた別の男子生徒にも「中小企業が減ったら、何かマズイことがあるやろか?」と同じことを聞く。

「うーん、社会が混乱する」

「素晴らしい、拍手ーっ。これ、関係ないように思えるけど、実は日本の中小企業のつくる部品って、世界中で車や機械のパーツとしてものすごい重要な役割を果たしてるんやね。だからそんな中小企業がなくなったら、きっと世界が混乱するよ」

生徒の回答に満足そうな様子でおっちゃんは教壇に戻る。

「会社が減るというのは、儲けている所が減るってことで、国に入ってくる税金も少なくなるんですよ。つまり国の体力も低下するんです」

おっちゃんがわざわざ高校の教室にまで来て、何を言おうとしているのかだんだんと見えてきた。中小企業が減る、仕事が減る、技術が減る、国の税収が減る、それは「日本という国が衰退する」ことを意味する。おっちゃんは「クラウドファンディングってめっちゃようさん金が集まるんやで」と言うためにやって来たのではない。もっと会社の数が増えてほしい、新しく会社を立ち上げる人が増えてほしい、若者に「起業」に関心を持ってほしい、自分の発想を生かすビジネスチャンスに気付いてほしい——と、この国の未来を背負ってやって来たのだ。

君たちはめちゃくちゃツイている！

　おっちゃんの話はあくまで前向き。ポジティブシンキングで話をぐいぐい進めていく。

「今、会社の数を増やしていこうって、国の方針があって、国からたくさん支援策が出ています。例えば何か新しく事業をしたい時に、国や地方自治体の窓口に行けば、『分かりました。そのプランやったら国から１０００万円の補助金をもらう方法を教えましょう』って相談に乗ってもらえるんです。しかも相談料は無料ですよ。今、国はすごい施策で若い人たちがニュービジネスにチャレンジしやすい、起業しやすい環境を整えてるんです。君たちはその時代に生きてるねんで！　おっちゃんの若いころと全然違う。もう1回、言わしてもらう。君たちはめちゃくちゃツイている。普通のツキ方じゃない！」

　スクリーンにまた本田圭佑が映し出された。

「本田圭佑はサッカー選手なだけじゃなくて、〝経営者〟でもあるんです。サッカーの試合が終わったら、スーツに着替えて飛行機に乗ってアメリカに行くんです。何をしているかと言うと、アメリカにサッカースクールをつくろうとしているんです。本田って本当にサッカーが好きで、もっともっと世界中に広まればいいなぁってずっと思っているんですね。アメリカはアメフト、野球、バスケット、アイスホッケーが4大スポーツで、スポーツできる子はこの競技に行っちゃうんですよ。本田には、アメリカでもっとサッカーを流行らせたい、もっとサッカーを楽しむ人を増やしたいって夢があるんです。最終的に世界中に200スクールつくるのが目標だそうです。すごくないですか？　本田はサッカー選手なんですけれども、サッカー教室を運営するというビジネスに結び付けている。起業しているわけです。何が言いたいかというと、起業するっていうのは、自分がやりたいこと、自分が望むこと、それを実現するひとつの方法なんだってことです」

スクリーンには「起業は自己実現のひとつの方法」と大きな文字が出た。

「それしかないってことじゃないです。サッカーで活躍して子どもたちの憧れになって、サッカーをする子どもたちが増えるのを目指すっていうのもひとつの方法です。

サッカー教室をつくって自分が経営者になるのもひとつの方法。ここにいる皆さんも、漠然と持っていると思います。好きなもの、やりたいこと、なってみたい自分、なんかがあるでしょう？　そういうことができる会社に入社するって方法もあるし、ひとつの方法として〝起業〟があるってことを今日は知ってもらいたいなと思います」

またスクリーンの画面が変わる。今度は、「高校を卒業したら、就職か進学」とデカい文字で書いてある。

「そもそも、君たちはどうして大学や専門学校に進学したり、就職したりするんやろ？」

おっちゃんは根本的なことを聞き、目の前の女子生徒に「君は高校卒業したらどうするの？」とマイクを向ける。

「まだはっきり決めていないけど、どちらかというと就職です」

「どうして就職するの？」

「自立したいから」

高校を卒業したら・・・
就職
か
進学

「えらいっ、自立するために就職する、素晴らしい、みんな拍手ーっ」

次に「君は？」と聞かれた男子生徒は「大学に進学する」と答えた。

「どうして大学に行くの？」

「何となく」

「それ、おっちゃんが高校生の時と同じやないか〜！」

教室に笑いがさざめいたところで、おっちゃんは「まあ、みんなそんなもんだよ」とフォローする。

「どうして就職したり、進学したりするのかって案外考えたことないと思う。でもこれ、ものすごく簡単です。『自分が幸せになるため』『周りの人を幸せにするため』。そのために皆さんは、これから就職したり進学したりするんです。さっき『自立するために就職する』って言ってくれましたけど、

Q

そもそも・・・なんで

大学・専門学校に進学するの？

就職するの？

A

■理由はいたって簡単！

自分が「幸せ」になるため

周りの人を「幸せ」にするため

自分が働いてお金を稼ぎ、そのお金で旅行に行ったり、欲しい物を買ったりして幸せになるということです。そして、会社でつくった商品が人々に喜ばれるという形で社会に貢献したり、家族を養ったりすることで、周りの人を幸せにするんです。みんな幸せのため。君たちの人生は、そのためにあるということを、まず押さえておいてほしい」

ここからおっちゃんの伝えたい「起業」の話になる。

「じゃあ、こういう幸福追求が人生の目的だとしたら、起業というのも同じことです。何も高校出たらすぐに起業した方がいいというわけじゃありません。就職して5年ぐらい経って、自分が得た知識や人脈を使って新しい会社をつくるってことがあったっていい。大学を卒業して15年経って、40歳で起業して成功する人もいっぱいいてます。でも起業を人生の選択肢に持っていなかったら、その発想にすら至らないですよね。だから今、16歳の時に起業ってのを頭の片隅に入れておいてほしいなと思います」

実践編① 会社をつくろう！

授業は、いよいよ「実践編」に。

「ここからちょっとゲーム感覚で起業のことを考えていきたいと思います」

スクリーンには「マーケティングって何？」の文字が映し出され、経営学の授業っぽくなってきた。

「ビジネスってのは物やサービスを売らないといけません。マーケティングって大学で学ぶことですけれども、実はもう皆さんの普通の生活に入り込んでいます。例えば、皆さんは将来、車の免許を取りたいと思っている？」

何人かの生徒に聞くと「免許を取りたい」と答える。

「では何のために免許を取りたいの？」

「旅行に行きたい」

「車で移動したい」

「そうだね、車の免許を取るってのは、この長方形のカードが欲しいわけじゃなくって、旅行に行ったり、ドライブしたり、買い物をしたり、通勤をしたり、車を使って何か〝用事〟をするために免許を取るんだよね。じゃあ、美容室にカットに行くのはどうだろう？　髪の毛が伸びたから仕方なしに行くだけかな？」

野球部らしき丸刈りの男子生徒をやりすごし、後ろに座る女子生徒に、「おしゃれのためもあるよね？」と尋ねるおっちゃんの配慮に、教室のあちらこちらからしのび笑いがもれる。

「マーケティングの考え方としては、可愛いね、格好いいねと言ってもらいたくて、おしゃれのために行くような場合を〝用事〟と言い、野球に集中したい彼のように、必要に迫られて行くような場合を〝ニーズ〟と言います。人がお金を使う理由として、このように〝用事〟と〝ニーズ〟の2つあるんだということを押さえておいてください」

そこからおっちゃんはまた生徒に質問する。

「では、おじいちゃん、おばあちゃんがお孫さんにサッカーボールを買う用事ってなんやろう？」

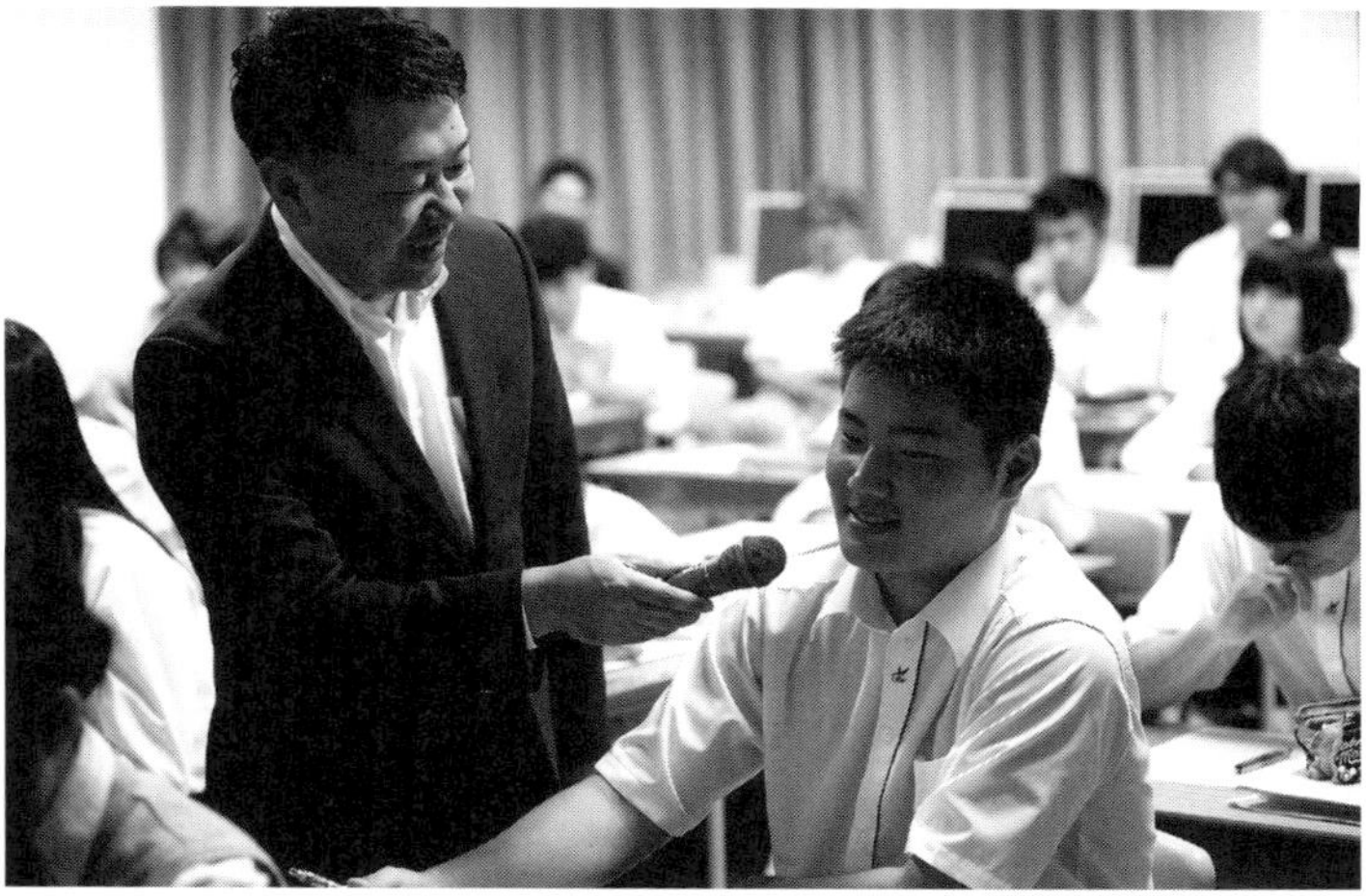

こう言いながら、おっちゃんは教室の後ろの方までやって来て、男子生徒に「何でやと思う？」と聞いた。

「孫に喜んでもらいたいから」

「完璧やね！　さすがっ、拍手ーっ！」

この辺りまでくると、生徒たちは拍手するのが楽しくなってきたようだ。やんやの喝采である。

「では同じサッカーボールがプロショップでは３０００円、激安量販店では１５００円で売ってるとしたら、どっちで買いますか？　そりゃ激安量販店で買うよね。同じサッカーボールなんやから」

ここで生徒たちにおっちゃんから課題が出る。

「４人くらいのグループになって会社をつくってください。グループができたら社長を一人決めてください。では質問です。さっきのプロショップで３０００円、激安量販店で１５００円のサッカーボールを５０００円で売る戦略をみんなで話し合ってください。時間は３分！」

教室が一気にざわざわとする。おっちゃんは「正解はないで、戦略やねんから。思いついたの全部声に出してみてね」と机の間を動き回って生徒たちに声をかけている。

　3分が経った。おっちゃんが「よし、発表したい人！」と呼びかけると男子生徒が手を挙げた。

「ホントは1万円のボールなんだけど、それを5000円に値引きしていますって売る」

「なるほど！　サッカーボールにはもともと『￥10000』って書いてあって、それを二重線で消して『￥5000』と書き直して売るわけやな？　お前、天才やな！　拍手ーっ」

　生徒らは拍手しながら、ある意味〝あざとい〟商売にゲラゲラ笑っている。

「次は？」とおっちゃんに促されて、「はい」と女子生徒が手を挙げた。

「有名ブランドとのコラボ商品にする」

「おお、えーねえ。ナイキとかとコラボする？」

「ううん、ルイ・ヴィトン」

「ルイ・ヴィトン⁉　ルイ・ヴィトンのサッカーボールってどないやねんっ」

LとVの模様が入った茶色の革張りサッカーボールを想像して教室は爆笑の渦。そこでおっちゃんは「ルイ・ヴィトンとのコラボサッカーボールに拍手ーっ」と言った後、「実はこれ本当にあった話なんですよ」と前置きし、ある事例を紹介した。

「最初に言ったおじいちゃんとおばあちゃんの〝用事〟を思い出してください。某スポーツ用品店で、こどもの日にサッカーボールを5000円で売ったら、飛ぶように売れたんです。なぜかって言うと、このサッカーボールには『リフティングが10回できるようになるまで店のスタッフが丁寧に指導する』って特典を付けたんです。10回できるようになるまでは、何回店に来てもいいんです。子どもがリフティングを10回できるようになったら、ボールを買ってくれたおじいちゃん、おばあちゃんと会った時に、『見て、見て〜。こんなんできるようになってん！』って披露するじゃないで

すか。おじいちゃん、おばあちゃんにはそういう孫の姿が見たいという〝用事〟があるんです。用事ってものを考えた時に、こんなやり方で1500円のサッカーボールを5000円で売ることも可能になる。つまり、人によって、人が持っている用事によって、モノの値段、お金の価値は変わるってことなんです。これがマーケティングの超基本。これを面白いと思ったら、商売の世界に入ってくるのに向いているでしょう」

授業時間が半ばにさしかかり、おっちゃんは「もう時間ないからガンガンいきますよ」とスピードアップを宣言する。

「アマゾンって知ってるよね？　皆さんは小さな街の本屋さんを経営しています。アマゾンに対抗できるぐらいの本を売る戦略を立ててください。時間は3分です！」

Let's think!

読者の皆さんも、生徒になったつもりで考えてみてください。
「用事を解決する」というキーワードを忘れずに！

実践編②　「どこでもドア」を売るなら？

授業は、実践編の第2ステージに進み、「ゲーム」の話題に。身を乗り出す生徒の姿もちらほらと見受けられる。ゲーム機やソフトを販売する任天堂と、ゲームはスマホを使って無料で楽しめるけれど課金システムで驚くほどの売上を上げているガンホーのビジネスモデルとが紹介された。ガンホーが一日に叩き出す課金売上に、教室一同が驚愕した後、「さぁ、いよいよ今日、最後の問題です」と、おっちゃんがさらりと話題を切り替えた。

スクリーンには草原の中に立つログハウス……ではなく木造のドアの画像。

「さて、これは何でしょう!?」

「どこでもドア！」

「大正解！　ドラえもんのどこでもドアが、ついに本当に開発されました。君たちはこのドアを販売する営業担当社員です。さあ！　君たちはどこでもドアをいくらで売る⁉」

「500万円！」

「1000万円！」

「7500万円！」

「1億円！」

生徒たちの口から出る値段がどんどん高くなると、「オークションで売る！」という意見も飛び出す。まさに今がその状態である。

値段が吊り上がったところで、おっちゃんは「ふっふっふっ、それでは答えです」と思わせぶりに笑う。

「答えは0円です！」

実はこの「どこでもドア」の質問は、この前の話題、ガンホーのスマホゲームの課金システムとつながっている。

「どこでもドアを有料で販売したら、その時は利益が出る。でも、その時だけだよね。それなら、このドア自体は売らずに、東京に行くなら1万円、ハワイ往復5万円ってお客さんが使う度に行き先に応じて料金をもらう仕組みにしたらどうだろう？割安料金ならお客さんはどんどん使ってくれるやろうから、どこでもドアはずーっと継続的に収益が上げられると思わへんか？」

話題は「ビジネスモデル」へと移る。商売をする上で、「この商品をいくらで売ればみんなが買ってくれるか」という価格設定は重要な要素には違いない。しかし、価格設定にはいろいろな方法がある。モノそのものに付ける値段だけを見るのではなく、使い慣れて使いやすくなる価値、自分流にカスタマイズする価値、だんだんバージョンアップする価値、モノはいろいろな価値を持っている。モノが持つ潜在的な価値に着目したら、ビジネスモデルは多様になる。そして、今までにない価値、新しいビジネスモデルをつくりだすフィールドは無限に広がっているんだ――。

おっちゃんの思いが伝わったかどうかは分からない。でも高校生たちは、誰も無駄口を叩いてはいないし、誰も居眠りしていない。じーっとおっちゃんの話を聞いていた。

キ～ンコ～ン、カ～ンコ～ンと終業を告げるチャイムが鳴り、おっちゃんは最後にこんなメッセージを残した。

「僕の大好きなジャパネットたかた・髙田 明社長の言葉です。『人生において何ごとも挑戦するのに遅すぎることはないのですが、一つだけ言いたいのは、どんな挑戦でもやるなら今すぐ始めましょう』。やろうかな、出来るかなって悩んでいるぐらいなら、今すぐやる。起業をちょっと考えている、それなら高校3年生になって準備するんじゃなくて、今から準備を始めたらいいんです。進学したい大学があるなら、今から受験勉強をしたらいい。先送りするんじゃなくて、まずやってみる、そんな高校生活を送ってください」

成功した起業家の考え方は、
出来るか出来ないか、ではなく
↓
やるか、
やらないかだ。

＊＊＊

陽気なおっちゃんがしゃべりまくったこの出前授業は、一般社団法人「関西ニュービジネス協議会」（ＮＢＫ）が展開する『16歳からの起業塾』である。おっちゃんの正体は、ＮＢＫの副会長、谷岡 樹。２０１５年〜２０１８年までの４年間、「次世代人材育成委員会」の委員長として、ＮＢＫが注力するこの新規事業の中心的な役割を担ってきた。企画段階で紆余曲折ありながら、ＮＢＫの会員である現役経営者が高校に出向いて「出前授業」をするという形になり、２０１６年〜２０１８年の３年足らずで約３０００人の高校生に話をしてきた。

『16歳からの起業塾』には、近畿経済産業局も期待している。授業を見学した産業部創業・経営支援課の坂本和英課長は「いろいろ登場する事例が具体的で分かりやすいし、事業を立ち上げて会社を経営するというのがどういうことなのか、高校生にもイメージしやすいと思いました」と話す。日本の開業率は欧米の半分程度にとどまっており、特に地域における開業率は低迷している。また、中小企業の数は、１９９９年の484万社から2014年には381万社へと減少し、従業員数も減少している（中小企業白書より）。こういった状況を受けて、

「民間活力を高めていくためには、地域の開業率を引き上げ、雇用を生み出し、産業の新陳代謝を進めていくことが重要となってきます。日本再興戦略においても、〃米国・英国レベルの開・廃業率10％台になることを目指す〃としています」と坂本課長。

経済産業省ではこうした目標実現のため、地域の創業を促進させる施策として、市町村が民間事業者と連携し創業支援を行う取り組みを応援してきた。近年、開業率は全国的に増加傾向にあり、2017年、近畿の開業率は6・64％となり関東（6・52％）を上回る伸びを見せている（厚生労働省「雇用保険事業月報」より）。このような動きをさらに大きくしていくために、これまで主に取り組んできた「創業準備者向けの施策」に加え、「創業無関心者・希望者」までを支援対象とし、さらなる普及・啓発を図っている。

「高校生ぐらいのうちに、自らのアイデアを自身の手

近畿経済産業局 産業部
創業・経営支援課長
坂本 和英氏

でビジネスにする世界を知っておくことで、これから長い人生の中でチャンスに巡り合えることもあるはず。『16歳からの起業塾』を受講した生徒たちがどんな人生を歩むのか、世の中にどんな影響を与えてくれるのか楽しみです」

未来を担う高校生に、大人たちの熱い視線が注がれている。

第2章

『16歳からの起業塾』誕生までの物語

—経営者が、高校生に伝えたいこと—

リーダー誕生！

「若い世代にアプローチする新規事業をしたい。子どもたちに、起業、ベンチャービジネスをテーマにした教育をしよう」

２０１５年６月、大阪・北新地の中華料理店。ＮＢＫ会長の小松範行は、集まった約10人の理事に向かってこう呼びかけた。

「それで……その新規事業の担当は、谷岡君にやってもらうことにする」

「えっ？」

店の名物メニュー「白い麻婆豆腐」を堪能していた理事の一人、谷岡　樹は、突然の小松からの指名にむせそうになりながら、「僕がやるんですか？」と慌てて聞き返した。

「そうや。何ができるか考えてくれ」

「『何をやるか』ってところからですか⁉」

小松がジロリとこちらを見た。

「……分かりました」

小松は谷岡より4歳年上。小松にも谷岡にも、40歳まで在籍していた青年会議所（JC）で、さまざまな「まちづくりプロジェクト」に取り組んできた経験がある。そのため、いざプロジェクト始動となれば、あうんの呼吸で分かりあえるようなところがあった。

谷岡は、東大阪市で「八戸ノ里ドライビングスクール」という自動車教習所を経営している。30年近くにわたり、大阪府下ナンバーワンの受講者数を維持する人気の教習所だ。若者の数が減り、その上マイカー所有願望まで低下する中、創意工夫を重ねることで、ナンバーワンの座を守ってきた。例えば、若い女性へのイメージアップを図り、教習車や看板にハローキティを採用。昨今の打たれ弱い受講生のために、インストラクター全員に「ほめ達！検定」（一般社団法人 日本ほめる達人協会）を取得させ、〝ほめて伸ばす教習所〟としてPR。さらには、教習所の隣に「ハーレーダビッドソンジャパン東大阪店」を誘致し、ハーレーダビッドソンを自動二輪用の教習車として採用することで、「いつかは大型車に乗りたい」と憧れてきたシニア層の受講者数を伸ばしていた。

小松は、そんな少子化や不況に動じず、さまざまな手を打ち、〝教える商売〟をきちんと軌道に乗せている谷岡の手腕を見込んだ。何より谷岡の親族は全国各地で学校法人を運営している。これらの事実をもとに、「教育というテーマでの新規事業においては、リーダーは谷岡をおいて他になし」と小松が決めたのだ。

小松が支持してくれる理由がおおよそ理解でき、まんざら「教えること」が嫌いでない谷岡は、「子どもたちに、起業、ベンチャービジネスをテーマにした教育をする新規事業のリーダーとなれ」との指示を、「白い麻婆豆腐」とともにゴクリと飲み込んだ。

「イノベーションの担い手となる若者」を育てたい！

NBKの第5代会長に小松が就任したのは、2014年6月のこと。小松は大阪で運送会社「栄運輸工業株式会社」をはじめ、倉庫、梱包、不動産、燃料販売、飲食店など複数の事業を展開し、グループ会社は11社に上る。とは言え、それまでのNBK会長は、初代・川上哲郎（住友電気工業株式会社 代表取締役＝当時）、第2代・石橋毅一（元大和ハウス工業株式会社 代表取締役）を筆頭に、大企業の社長や会長など関西財界の「重鎮」揃いで、就任時の年齢も揃って60代と高め。そんな中、小松は、48歳（当時）で会長となった。会長の〝世代交代〟を行ったことが、NBKという組織を生まれ変わらせるための第一歩とも言えた。

NBKは日本がバブル景気に沸いていた1990年12月に設立された。新ビジネスの立ち上げプランを持つ人を支援するのが目的で、ベンチャー企業を関西経済の起爆剤にしようという発想でスタートを切った。会長となった住友電工の川上哲郎はじめ、会員には関西の名だたる大企業の経営者が名を連ね、潤沢な資金を携えてのスタートだった。

しかし、翌年の1991年2月にはバブル景気が終焉。その後の長い不況の時代「失われた20年」に、NBKの会員らも飲み込まれていく。1996年から12年間、NBKの第3代会長を務めた井植敏会長（当時）が率いる三洋電機ですら、その後経営が悪化し、2012年、経営統合という形で事実上消滅してしまった。「他人の起業を応援するどころか、自分の会社が心配」という空気が会員間に漂い始めるのも無理のないことだった。会員数は1998年に約450社だったのをピークに年々減少している。会員の間には「NBKはもう一定の役割を終えたのではないか」と組織の解散を提案するかのような意見もあった。

グローバル化が進み大企業ですら決して〝安泰〟ではなく、その一方でベンチャービジネスを支援する制度や団体は増えつつあった。2008年から6年間、中小企業社長として初めて会長を務めた第4代・立野純三（株式会社ユニオン代表取締役社長）は、「一部の豊かな企業が援助するようなこれまでのやり方では、もはや会員の同意を得られない」とNBKとしての活動のリストラに着手。「活動の数を減らして〝量より質〟に転換する」を基本方針とした。2014年、40代の若さで会長に就任した小松も、立野前会長の運営方針を踏襲した。

小松曰く「続けるために続けているような、面白くない活動」はすべて辞め、生産性が認められ、会員自身が継続を望んでいる活動については、それぞれにバージョンアップを図った。

問題は、今後のＮＢＫの軸となるような活動をどうするか、だった。「お金をかけず、かつ時代にマッチし、会員も賛同してくれる。そんなこれからのＮＢＫの代名詞ともなる活動は何だろう」と小松は一人考え続けた。

この時、長く悩んだ末にたどりついたのが、谷岡にそのリーダーとなるよう指示した「起業、ベンチャービジネスをテーマとした子どもたちへの教育事業」となるわけだが、その結論に至らせた小松の思いはこうだ。

例えば、関西経済界の一員として、２０２５年の大阪万博の誘致活動に参加しながら、小松はこんなことを思う。「大阪万博が実現するか否かで関西の未来は大きく変わる。だから、本当は、その未来を生きる中高生が自分たちの将来をどうしたい、どうあるべきだなどと考えながら、誘致活動を企画、実行すべきなんだろうな」と。

確かに歴代会長に比べれば自分は若い。しかし、織田信長しかり、坂本龍馬しかりで、世の中に大変革を起こすような人間はもっと若くして事をなしている。「大阪万博の誘致」にとどまらず、これからの日本、そして世界をどうしたいと考え、イノベーションを起こせるのは、間違いなく、もっとエネルギーを持つ若い世代だ。

一方で、スポーツのプロ選手を目指す子どもたちが、幼いころからそのための努力を重ね、そのための進路を選択するように、具体的な目標がない子どもたちにも、将来、社会に打って出られるチャンスがあることに気付かせてあげたいという思いもあった。

そこで、江戸時代の隠居武士が、「寺子屋」を開き地元の子どもたちに無償で読み書きそろばんを教え、世界的にもかなり高い水準の識字率を維持していたように、今の日本で、今の子どもたちが潜在的に持つイノベーションのポテンシャルに働きかければ、将来の大阪、将来の日本はベンチャー企業が綺羅星のごとく輝く社会になっているのではないか、と考えたのだ。

19歳から27歳までをアメリカで過ごした小松は、アメリカの学生たちのベンチャー気質を目の当たりにしており、日本の学生はサラリーマン志向が強いことにずっと物足りなさを感じてもいた。安定を求めて大企業に就職したがる学生が大半で、その結果、中小企業の数が減り、日本経済は活力を失ったともいえる。

しかし、学生が就職活動で目標とする大企業とて、常に変革し続けなければ生き残れないグローバル競争にさらされている。そういう意味では、現代は、サラリーマンであっても、起業家的な「新しい発想」が求められている。時代を見てビジネスチャンスをつかむ起業家の思考回路や生き方を子どもたちに教えることは、子どもたちが将来、起業するにせよ、サラリーマンになるにせよ、役立つことであり、ひいては世の中のためになることだという結論に至った小松は、「起業、ベンチャービジネスをテーマとした子どもたちへの教育事業」を、これからのＮＢＫの軸となる新規事業に据えようと腹を決めた。

思い立ったら即行動が身上の小松は、さっそく理事らを中華料理店に呼び集め、谷岡をそのリーダーに指名した。

子どもたちに「夢とロマンの人生」を！

小松の鶴の一声で「新規事業のリーダーは谷岡」と決まったものの、集まった理事の間からは新規事業に対する疑問の声も上がった。

「若い世代にアプローチって、若者向けの創業スクールはもういろいろ始めてはりますよね？」

この前の年、２０１４年からＮＢＫは国の委託事業として、「自営」を目指す女性や若者を対象に経営の基礎を教える教室を開講していた。

「俺がイメージしているのは、そういう実務的なことを教える教育じゃない」

「じゃ、いったいどういう……」

「起業ってのは、自分のアイデアを新しいビジネスという形にして世に出していくということだろう？　子どもたちにそういう自身のアイデア、脳ミソで勝負する人生もあるんだってことを伝えたいんだよ。起業という生き方に目を向けたら、そこにはとてつもない夢とロマンの世界が広がっているってな……」

熱い思いは伝わるものの、〝夢とロマン〟を子どもたちに具体的にどう教えたものか……と逡巡する理事らの沈黙を破り、「つまり……」と谷岡が口を開いた。

「会長がおっしゃりたいのは、若者に起業のテクニックを教えるのではなく、〝起業家マインド〟を教えるってことですよね？」

「そう。それっ！〝起業家マインド〟や！」

さすが長年の付き合い、谷岡には、小松の目指すところが分かった。と同時に、「〝起業家マインド〟を教えるということが、起業のテクニックを教えるより遥かに難しい」ことに気付きはじめてもいた。

「何も子どもたちに将来は起業家になれとNBKが誘導するわけじゃない。〝起業家マインド教育〟は、子どもたちがどんな人生を選択しても役に立つ。いや、未来を生きるすべての子どもの役に立つはずだ。そんな教育をNBKで取り組んでいこうやないか！」と熱く語った。

小松の熱弁に集まった理事らも賛同。NBKとして、運営委員会をつくり、この新規事業に取り組むことが決定した。委員長はもちろん谷岡。宴席の最後、小松は谷岡に伝えた。

「この新規事業にはNBKの存在意義がかかっている。これに失敗したらNBKの未来もないと思ってくれ」

「〝起業家マインド〟育成プロジェクト」は、こうしてNBKの未来という重責つきで、谷岡に託された。

「せめて大学生」という思い込み

運営委員会の委員長となった谷岡は、会員の中から選りすぐったメンバー数名で、月1回のペースで集まって話し合いを重ねていった。会長の小松からは「起業家マインド育成プロジェクト」という漠然とした大きなテーマを示されただけで、誰を対象にどういう事業をするのか具体的なことはまったくの白紙。何もかもイチから検討していく必要があった。

最初に検討したのは、「大学生」を対象に、「起業セミナー」を開催するというものだった。NBK会員の「起業家」を講師として、彼らに体験談を語らせるという内容だった。「NBKの存在意義をかけた新規事業」というには凡庸な案ではあったが、委員会はしばらくこの方向で話し合っていた。委員たちの間に、「ビジネスの話をするならせめて大学生ぐらいの年齢じゃないと理解できないだろう」という思い込みもあり、この時点では、「子どもに教育をしたい」という小松会長の思いはまったく反映されていなかった。そのせいか、

「就職先が決まった大学生はもはや起業の話なんて関心ないだろうし、就活中の学生もそっちで手一杯ですよね」

「となると、1回生か2回生を対象にした方がいいかな」

「経営学系の学部にこんなセミナーしますよって案内を出したらどうでしょう？」

などと話し合いながらも、谷岡自身、不思議と「よし、やるぞ」というやる気が湧いてこない。運営委員といっても、その実態は会社経営者。社員とその家族の生活を両肩に、多忙な日々を送っている者ばかり。会員はＮＢＫにはもっぱら情報収集や人脈づくりのために在籍しており、ＮＢＫの未来を担う新規事業といえども、基本、会員らの手弁当で行われている。そのため、無理もないのだが、話し合いは、無難にまとめようと皆で落としどころを探しているようなものになる。とはいえ、ビジネスの第一線に立ち、その厳しさを身に染みて知る経営者であればこそ、実施する側がこの程

度のモチベーションでは、到底、受講生に満足してもらえるようなセミナーにはならないこともどこかでちゃんと分かっている。

そこで、谷岡の発案で、最近の経営学系の学部で行われている講義内容について一度じっくり調べた上で、再度検討してみることとした。何しろ自分たちが在学していた30年ほど前の講義をイメージしながら話し合っているのだから。すると、学生に具体的なビジネスプランや戦略を考えさせている学部や学科がゴロゴロあった。おまけに外部講師陣に、著名人をずらりと揃えている。

「それならば」と、委員会の話し合いは、「経営学系の学部がない女子大の学生」を対象に、「女性起業家によるセミナー」を開催しようという方向へ向かった。

「よくある」って言われたらあかん！

運営委員らで膝を突き合わせた末に、「起業家マインド育成プロジェクト」の現実的な落としどころにたどり着いたと思えたその数日後、思わぬ所から、思いもよらぬヒントが飛び込んで来た。

NBKの将来を担う新規事業とはいえ、そのための予算はなく、NBK事務局はその運営費として「おおさか地域創造ファンド」（公益財団法人 大阪産業振興機構）からの助成金を当てにしていた。「おおさか地域創造ファンド」は、地域活性化のために地域の技術や人材を活かした新しい事業に取り組む大阪府内の中小企業や団体を官民共同で応援する枠組みで、2007年に創設されたものだ。その助成対象事業に応募すると、毎年度50件ほどのプロジェクトが選ばれ、120万円を上限に経費の半額を助成金として提供してもらえる。NBK事務局の担当者が、その窓口となっている大阪商工会議所に、「起業家マインド育成プロジェクト」の企画書を持って行ったところ、担当アドバイザーがこんな感想をもらしたのだ。

「大学生対象の起業セミナーっていうのはよくあるんです。いっそ、小・中・高校生対象の起業セミナーとかされれば、新規性があっていいんですけどね……」と。

この言葉を担当者から伝え聞いた谷岡がすぐさま反応した。

「商工会議所の窓口で『よくある』って言われるようではあかん！」

創意工夫を重ね結果を出してきた経営者、谷岡の企画魂に火がついた瞬間だった。

「起業家マインド」が伝わる最適世代

「大学生はあかん。小、中、高のどのあたりにするかを改めて考えよう」

ほどなく開催した運営委員会で、谷岡は開口一番こう切り出した。

そもそも、会長の小松から託された夢は、「未来を生きるすべての子どものためになる起業家マインド教育をしたい」というものだった。新規事業の原点は、決して「よくある」って言われるようなものじゃなかった。もっと壮大なもんやった。「経営学系の学部がない女子大の学生」を対象に「女性起業家によるセミナー」を開催するなんて、ニッチなこと考えてたらあかんかった。そう猛省しつつ、谷岡は委員らに意見を促した。

「どこかに限定しなきゃいけないですかね」

「そりゃそうだろ。小学生から高校生まで一緒くたにした授業なんて収拾つかへんぞ」

「そうじゃなくて、NBKはどの世代にも授業しますよ、みたいな」

「それは将来的に目指す形やないか？　手探りのスタートなんやから、まずはある程度、年代を絞って授業の形をきっちり作り上げる方がええと思う」

「思い切って小学生ぐらいにします？　小松会長も鉄は熱いうちに打てとおっしゃっていたそうですし」

「う〜ん、小学生なぁ……」と谷岡は首をひねった。

プロ野球選手を目指す小学生は野球に打ち込み、他の子どもが寝ている時もランニングや素振りをしている。ピアニストになりたい子、バレエダンサーになりたい子は、1日何時間もレッスンしてコンクールに出場している。小学生にして自分の将来像をしっかり描いている子どもは、早々に夢の実現に向けて着実に努力している。そういう子どもたちの存在を考えれば、「起業家マインド育成」も小学生では早過ぎるということはない。しかし一方で、保護者はどう思うだろうか。「一獲千金の夢を見せて子どもをだまくらかす気か」と誤解を受けそうな気もする。保護者に「怪しげな授業だ」という印象を持たれたら、いくらいい授業を用意しても子どもたちは集まって来ないだろう。

「小さな子どもを対象に何かするには、『教育』と銘打っているにしたって保護者の理解や承諾がいるやろ？　保護者がOKしないことには、小さい子ども相手には何もやらせてもらえない。俺たちがやろうとしてるのは、ほとんど前例のない『教育』なんやから、保護者は面食らうかもしれへん。いきなり小学生から入るのはハードルが高いんじゃないかな」と谷岡は分析した。

「そうですねえ……。だとすると、中学生もまだ保護者の存在は大きいですよ」と委員から意見が出た。

「15歳以下はアルバイトだって法律で禁止されています。保護者は『義務教育を終わってもない子どもに、どうして起業の話なんかするんだ。そんなことを考える前に、まずは学校の勉強が大事だ』と眉をひそめるのではないでしょうか。いや、もちろん、中学生が起業の面白さを知ったら学校の勉強にもやる気が出るって期待はしますけど、サラリーマンの保護者はそうは思わないかもしれません。サラリーマン家庭では、起業なんて危なっかしいことを考えず、真面目に勉強していい大学に入っていい会社に就職する、っていう子どもの将来を望んでいるんじゃないでしょうか」

「別に『サラリーマンなんてつまらん。それより起業しようぜ』って子どもたちに言うつもりはないんやけどな……」と谷岡は口ごもった。

「そう言うつもりはなくても、保護者にそう受け取られたらこの事業は成り立ちませんよ」

「分かった」と谷岡はうなずいた。

「起業家マインドは今や大企業の社員にだって求められている。サラリーマンになりたい子ども、それを望んでいる保護者にもメリットがある教育だとは思うけど、警戒心を持たれるようなアプローチは避けよう」

こうして、義務教育中の小中学生はひとまず対象から外すことが決まった。

次に、専門学校生についても検討された。

専門学校は、料理人になるとか、美容師になるとか、具体的な仕事を決めた子たちが通う学校ということで、委員の間からは「資格試験などはっきりした目標に向かって勉強中の学生に、起業家マインド育成っていうのはなじまない」との意見が相次いだ。谷岡も同意見だった。

「となると、やっぱり高校生だな。大半は将来像がまだはっきりしていない」

「そこしかないですね」

「そうや、高校生だったら、卒業後の進路を選択する時にも参考になるんやないか？　別に今すぐ起業しろとか、卒業してすぐ起業しろってわけじゃない。大学に進学するにしても、漫然と自分の偏差値で行けそうな学校や学部を選ぶんやなくて、『将来はベンチャー企業を起こす』という目標があったら、それに役立ちそうな学部に入ろうと思うやろ？　受験勉強のモチベーションも上がるし、大学でも積極的に勉強する。そして社会に出たらベンチャーで大成功や！　いいこと尽くめやないか。最初から高校生しかないと思っとったわ！」

全員納得の結論を得て、一同大いに盛り上がる。

こうして、ＮＢＫの新規事業「起業家マインド育成プロジェクト」は、「高校生」を対象に実施することが決定した。

「起業家マインド」の種をまくのに最適な場所

２０１５年、谷岡が委員長を務める新規事業の運営委員会は「次世代人材育成委員会」と名付けられた。

次なる議題は、「高校生」をターゲットに、どういった形態で〝起業家マインド〟を育成するのか。

もともと大学生対象の起業セミナーを検討していたため、まず「セミナー」を開催するという案が検討された。

「高校生限定で聴講者を募集しましょう」

「夏休みを利用して、１泊２日でやってもいいのでは？」

「高校に案内を出しては？　『面白いセミナーやってるよ』って学校で生徒に勧めてもらうんです」

「教育委員会の後援をもらえないかな」

「料金設定はどうします？　高校生対象だとあまり高い値段にはできないですよね」

活発に意見が飛び交うものの、谷岡には引っかかっていることがあった。

起業セミナーや副業セミナーなど、この手のものはすでに世の中に数多《あまた》ある中で、「高校生向け」が珍しいのは確かだろうが、本当に他に実施している団体はないのか。他に似たようなことをやっているところがあるのだとすれば、何か参考になることがあるのではないかと調べてみた。すると、大阪府立大学が、ちょうどこの年、2015年の夏休みに、『高校生対象　次世代起業家育成講座』と銘打って、全7日間（全8回）の講座を開いていた。大阪府立大学や日本政策金融公庫など大手金融・証券機関が持つ起業家教育プログラムを体系化した総合プログラムとして、「課題解決のためのアイデア創造能力を養う」「ビジネスプラン作成サポート授業～基礎編～」「（ビジネスプランをベースに）模擬企業活動を行う」などといった基礎的、実践的な講座が用意されていた。

その『高校生対象　次世代起業家育成講座』の結果を見て谷岡は、ある問題に気付いた。参加者が思いのほか少ないのだ。初年度ということもあろうが、定員40人に対し6

人しか集まっていないのだ。大阪府立大学は大阪では知らない人はいない、入学希望者も多い人気大学だ。そんな有名大学主催の講座ですら、高校生を集められていなかった。

次世代人材育成委員会の席で谷岡は委員らに尋ねた。

「府立大ですら高校生を集められていない。俺たちがやっても同じこと、いや、もっと悲惨な結果になるんじゃないか？」

「告知方法を練れば何とかなるのでは？」

「学校に直接、営業したらどうでしょうか？　府立大はやったのでしょうか」

「参加したらノベルティグッズをプレゼントするとかしたら？」

委員らが話しているのを聞いているうちに、谷岡は重大なことに気付いた。

「おい、セミナーをやっても、そこに来るのは起業やベンチャービジネスに関心を持っている子たちやないか」

「当たり前でしょうが」「それがなんでアカンの？」という顔をしている委員らに、谷岡は「俺たちがやろうとしているのは、〝起業家マインド〟の育成やぞ」と改めて言った。

「心の中に起業家マインドが芽を出している高校生もいる。そういう子に水をやって芽を育てるのもええやろう。せやけど、そういう子たちの受け皿はもう世の中にあるやないか。俺たちがやろうとしているのは、起業なんて人生設計にまったくない高校生らに種をまくことやないんか？」

この瞬間、委員らは、自分たちは月並みな発想では対応できない目標を掲げて走り出したのだということに気付いた。

「起業家マインド教育がいつか芽を出すかどうかは分からへん。花が咲くのがいつのことになるかはもっと分からん。せやけど、俺は未来を信じて高校生に種をまきたいんや！」

谷岡はこう言いながら、自分の中にやる気がふつふつと湧いてきているのを感じていた。大学生対象の起業セミナーを検討していた時にはなかった感覚だった。

長い沈黙の後、一人の委員がこんな発言をした。

「谷岡委員長、それやったら、セミナーやイベントみたいに人が来てくれるのを待たずに、こっちから押しかけて行ったらどうでしょう？」

「どこに押しかけるねん？」

「学校です。高校に行って、子どもたちに起業の授業をするんです」

「なるほど、出前授業か」

最近は多くの学校が課外授業で外部から講師を呼んでいる。企業や団体の方でも、教育分野への社会貢献活動（教育ＣＳＲ）として、講師を派遣しており、自社の活動の意義を子どもたちに伝えている。ＮＢＫとして講師を派遣するというのなら、学校に話はしやすいなと谷岡にも思えた。それに、教室にいるのは、起業に興味があるなし関係ないさまざまな高校生たちだ。まったくバラバラの志向や個性を持つ集団に「起業」について話してみたら、どんな反応をするのだろうかと興味もそそられた。

「うん、出前授業ってのはいいいな」と思わず大きくうなずいていた。

他の委員からも「出前授業なら会場を借りる費用もかかりませんね」「高校生から入場料を取らなくてもいいし」などと賛同の意見が相次いだ。

「商売＝夜逃げ」の不安感

次に決めるべきは、「どんな授業をするか」だ。

以前、会長の小松からは、「ＮＢＫで教育プログラムをつくろう、そうしたら、それに基づいて誰でも授業ができる。関心のある団体に販売すれば会費にもなるし、我々の起業家マインド教育がどんどん広まるぞ」といった夢を聞かされたことはあった。

その時は、「まだ何も決まっていないのに、この人は気が早いなあ」と他人事のように聞いていたが、確かに、出前授業をするからには講師向けの台本が必要だろう。外部講師を招くのではなく、ＮＢＫの会員が講師を務めることは委員会の総意だったが、内容を講師任せにするわけにはいかない。何より講師によって授業のでき、不できに差があっては、ＮＢＫの出前授業の信用に影響する。

そこで、一定の授業レベルを維持するため、次世代人材育成委員会で授業の台本づくりに取り組んだ。

台本をつくるにあたり、谷岡にはどうしても皆と議論しておきたいことがあった。自分たちがこれから教室に持ち込もうとしている「起業家マインド教育」が、いかがわしい人生観を教えるものだと学校や保護者に受け取られないようにするにはどうしたらいいか、ということだった。「起業」に、博打的、破滅的なマイナスイメージを抱く人は多い。このイメージこそが、この先、自分たちが乗り越えなければならない壁となるだろうと谷岡は感じていた。

そこで、谷岡は委員の面々にこう尋ねた。

「俺たちが子どもに言おうとしていることは、起業とかベンチャーとかニュービジネスとかいろんな言い方があるけど、要は〝商売人〟になるということやんか。高校の先生って商売人にどういうイメージを持っているんやろか？　いかがわしいとか、むちゃくちゃしんどいとか、借金まみれになるとか、そんなふうに思ってたら、生徒に商売を勧めるような授業は受けさせへんやろう？　うちの生徒を夜逃げさせる気か、みたいな」

委員らは「学校の先生が『商売＝夜逃げ』と思っているというのはいくら何でも極

端ですよ」と言いつつも、やはり「不安に思う先生は多いだろう」とは感じていた。商売人はサラリーマンの生活とはケタ違いの金を扱う。月給制の先生からしたら、浮き沈みが激しくてリスキーに見えるかもしれない。

「逆にやな、商売に夢を持ってもらおうとベンチャーで巨万の富を築いた社長らの実例をばんばん紹介したら、『子どもを拝金思想にするのか』って言われそうやし……」

と頭を抱える谷岡を見て、

「ハハハハハッ、谷岡委員長、随分センシティブになってるんですね」

と、委員の一人、税理士の北野嘉一（税理士法人Y．K．C．代表社員税理士）が笑い飛ばした。

北野は経営コンサルタントもしており、税務相談や税務申告だけでなく、経営診断や経営計画の策定など会社経営をトータルで支援する業務を行っている。

「あんまり神経質にならんと、まずやってみた方がええんかな」と頭を抱える谷岡に、「いえ、谷岡委員長が悩んでいるまさにその部分に、この新規事業が成功するかどうかのカギがあるとは思います」と返した北野は、続けて、

「谷岡さんは起業家マインド教育が学校側からカネ、カネ、カネ、カネの話、というイメージでとらえられるのを恐れていますよね？」と尋ねた。

「その通りや」

「でも僕たちが子どもに伝えたいのは、『サラリーマンより実業家の方が儲かるよ』ってことじゃないでしょう？　自分の発想、アイデア、知恵がビジネスとして成立していくワクワク感、やりがいを伝えたいんですよね？」

「まったくその通りなんやけど、金儲けの話を抜きにして、それが子どもたちに伝えられるやろか？」

「そこなんですよ！　ビジネスの現実って、むしろ逆でしょ？　金を儲けたいという発想から始まった新規ビジネスはそもそも成功しません。人の役に立ちたい、人の困りごとを解決したい、人を喜ばせたい、人を幸せにしたい、そういう発想のビジネスだからこそ消費者が現れて、消費者の要望に応えていたら金が後からついてきて、その結果を、世間は『あの人は大成功した』って評価しているんですよね？」

「やれやれ、俺は大事なことを忘れてたわ。誰かの役に立つというのが商売の根本やった」

北野の言うビジネス論は、まさに基本中の基本。何より谷岡自身が、身を以て学んできたことだった。

「起業家マインド教育」とは、自分の中の可能性に気付いてもらうということ

「人の役に立ちたい」「人を幸せにしたい」という発想のビジネスだから成功する。谷岡に「商売の現実」を思い出させた後、北野はさらに続けた。

「僕らが子どもに教えようとしているのは、起業の夢とロマン、人を幸せにすることで自分も幸せになるということです。ゼニ、カネの話に夢がありますか？　もちろんお金がなくては生きていけない。それが現実です。ただし、高校生ともなれば、そんなこと言われなくてもみんな分かってますよ」

「確かに、うちの高校生の娘も分かっとるわ」

「そう。たいていの親は常日頃から『いい大学に入れ』とか『資格を取れ』とか『手に職をつけろ』っていう何らかの人生観を子どもに示していますよね。それが生きていくってことなんだって、高校生なら十分理解しています。つまり……『起業マインドを持てば金が稼げるよ』って教えるのは、高校生にしたら『一生懸命勉強したらいい大学に入れるよ』って言われてるのと同じなんです。すでに世の中に厳然と存在している価値観を示されているだけで、新たな『気付き』はありません」

「それじゃあ、そもそも俺たちの授業が何の意味もないってことになるじゃないか……」と谷岡はうなだれた。

「違いますってば。僕が言いたいのは、正面から〝起業の夢とロマン〟を伝えたらどうかってことです。ZOZOTOWNの前澤社長って高卒ですよ、大学行ってないんです。高校時代からミュージシャン目指して音楽活動にのめり込んで、20歳ぐらいで輸入レコードやCDのカタログ通販を始めたのが商売のしょっぱなです。一応、バンドでメジャーデビューはしたものの大して売れもせずバンド活動は休止。ところが糊口を凌ぐためにやっていた通販の方で怪物になっちゃったんです」

2004年に開設されたファンション通販サイト「ZOZOTOWN」(運営：株式会社スタートトゥデイ）は急速に売上を拡大した。2007年に東証マザーズに上場し、2012年には東証一部に上場。株価も売上もずっと右肩上がり。1975年生まれの前澤友作社長は、社員にサービス残業をさせるどころか1日6時間労働制度を導入し、「仕事なんか6時間ぐらいでいい」とさっさと退社するよう指示している。旧来の日本型企業とはまったく違う経営哲学の会社をつくりあげた。

谷岡もZOZOTOWNの成長ぶりや前澤社長の経歴はある程度知っていたが、改めて考えると前澤社長の人生ドラマは高校生にかなりのインパクトを与えるであろうと思われた。

「大学にも行かず、就職もせず目指したミュージシャンとしてはまったくぱっとせず。この時点で前澤社長は、夢破れた青年でしかなかった。それがいわば副業の方で大化けしたわけや」

「ビジネスやるのに学歴や経歴なんか関係ないって典型例ですよね。普通の家庭の主婦のアイデアから、すごいヒット商品が出ることもありますし。次々に新商品を生み出して主婦発明家になっちゃった人もいます」

「もはや、発明は天才だけのもんやないということやな。おい、北野君。俺は子どもたちに何を教えればいいのか見えてきたぞ」

北野は黙って谷岡の次の言葉を待った。

「俺たちが子どもに教えるべきことの本質は、『一人ひとりが計り知れない可能性を秘めている』ということやないか？　これが起業家マインド教育の背骨やないかな。子どもが自分の中にある可能性に目を向けるようになってくれれば、この授業は成功と言ってええんやないやろうか？」

「僕らの起業家マインド教育の根底にその思いがあれば、学校は『拝金思想だ』なんて反発することは絶対にありませんよ」と北野が請け合った。

「何かこっちまでワクワクしてきたなあ。俺、この授業を聞いてほしい生徒像が浮かんできたわ。甲子園に出られる見込みなんてないのに、夜遅うまでボールを追ってる野球バカとか。勉強もスポーツもどっちもイマイチ、女の子にもモテへんイケてないやつとか」

「谷岡委員長、ボロクソに言ってますけど、そういう生徒の方が潜在的な可能性は高いかもしれませんよ。ZOZOTOWNの前澤社長だってイケメンでもないし、高校時代は勉強やスポーツよりバンドに打ち込む音楽バカだったんですから」

「俺が言いたいのはそういうこっちゃ。俺たちが授業をやろうとしている教室は、あらゆる可能性を持った人材の宝庫なんや！」

高校生に自身の持つ可能性に気付かせる。他人を幸せにし、自分も幸せになるという〝偉業〟を達成する力を、誰でも等しく持っているというメッセージを伝える。これが、〝起業家マインド教育〟の本質なのだ――。

「自分の中にある可能性に目を向けてもらうための授業をしよう」――何度かの委員会を経て、次世代人材育成委員会はようやく新規事業の軸となるコンセプトにたどり着いた。以後、委員会はこの思いを拠り所に、力強く歩きはじめる。

大阪の発展に寄与する事業として認められる

2015年7月には、NBKに朗報が舞い込んでいる。「おおさか地域創造ファンド」(公益財団法人　大阪産業振興機構)の助成金を受けられることが決定したのだ。NBKの「地域資源である人材を活かした起業家教育プログラムの開発及び販路開拓」事業が晴れて支援事業として採択された。

「高校生」を対象とした〝起業家マインド教育〟という新しさもさることながら、「起業家マインドを持った高校生をどんどん輩出し、いつか大阪発のイノベーションによって大阪のビジネスシーンを活気づかせたい」と結ばれたNBKの新規事業の計画書は、大阪の発展を願う気持ちをよく伝えるものとなり、「おおさか地域創造ファンド」の目指すところとピタリと合致していた。

「次世代人材育成委員会」の委員らは、助成金という財政的サポートが得られることも嬉しかったが、それ以上に、自分たちの取り組みが大阪の発展に寄与すると認められたことが何よりの励みとなった。

コンセプトも確定し、助成金を得たこのころから「起業家マインド育成プロジェクト」は、一気に具体化していった。

「授業の台本、僕がつくってみましょうか」と北野が手を挙げた。

「基本的に任せるけど、イメージだけ教えてくれ」と谷岡が聞くと、

「ベンチャービジネスって誰かの『用事を片付ける』ものだというマーケティング理論を盛り込むんです」と北野は説明しはじめた。

「ニュービジネスを成功させるカギは『用事を片付ける』という視点を持つかどうかだと言われています。この『用事』とは仕事のことではありません。暇つぶしがしたい、他人に見せびらかしたい、部下から尊敬されたい、得意先に好感を持たれたい、これみんな『用事』です」

これはイノベーション研究で有名なハーバード・ビジネススクールのクレイトン・クリステンセン教授が示した「Ｊｏｂｓ　ｔｏ　ｂｅ　ｄｏｎｅ」という考え方だ。日本語では「片付けるべき用事」と訳され広まった。顧客に製品を売るには「顧客を知ること」とされてきたが、クリステンセン教授は「顧客が行うべきＪｏｂｓ(用事)

を知ること」だと説いたのだ。顧客の意識調査をしてそれを分析し、新製品を開発したのにさっぱり売れなかった、などという失敗は、顧客の「片付けるべき用事」に迫れていなかったとなる。

「実際に商売している人間にはすんなり分かる理論だけれど、マーケティングの基礎知識がない高校生にそんな話をしても通じるかな？」と疑問符を投げかけた谷岡に、北野は「そこは相当かみくだいて説明したものをつくりますから、まあ見ててください」と自信ありげに微笑んだ。

『16歳からの起業塾』誕生！

次の「次世代人生育成委員会」に北野が持参した「台本」を見て、みんな膝を打った。「片付けるべき用事」の例が非常に分かりやすく示されていたのだ。

運転免許証を取得するのは何のためでしょう？

あの長方形のカードが欲しいからじゃないですよね？　車を運転して、家族旅行をしたい、恋人とデートしたい、自動車通勤したい、休日に1週間分の食料品をまとめ買いしたい……。人はいろいろな「用事」を解決するために車の免許を取るのです。この「用事」がマーケティングを理解するために最も大切なことです。

おばあちゃんがスポーツ用品店でサッカーボールを買うのは自分がサッカーするためじゃないですよね？　孫にプレゼントするためです。つまり「孫の喜ぶ顔が見たい」というのがおばあちゃんの「用事」なんです。

では、激安量販店では1個1500円で売っているサッカーボールを、1個5000円で売る方法を考えてみてください。

「これなら高校生どころか小学生だって分かりそうだ」

「こういうイノベーションの発想を教える前に、ＺＯＺＯＴＯＷＮの前澤社長みたいな実例を出してみたら？」

わいわい盛り上がるメンバーに「よし、これを基にして、みんなで意見を出し合いながら練っていこう」と谷岡が呼びかけた。この台本をブラッシュアップしていけば、ＮＢＫの教育プログラムとして世に出しても恥ずかしくないものになるだろうとの手応えがあった。

「大学生に起業セミナーを行う」というありきたりの案から出発した〝起業家マインド教育〟が、委員会で揉んで、揉んで、揉んでいるうちに、いつしかＮＢＫのオリジナル感あふれるものになってきたことに、谷岡は「３カ月にわたる議論は無駄じゃなかった」とこれまでの過程をかみしめた。高校生を対象にする、学校に足を運んで出前授業をする、高校生にも分かりやすくイノベーションの発想を伝える教育プログラムを作成する……こうして徐々にできあがってきた骨格の中で、重要な部分であと一つ、欠けているパーツがあった。

名前だ。

「俺たちの出前授業にどういう名前をつける？」

谷岡の問いに、みんなきょとんとする。

「NBK出前授業じゃだめですか？」

「出前授業なんて手垢のついた名前じゃアカン。小松会長も嫌いや言うてはったわ」

「起業家マインド・デリバリーサービスは？」

「出前を英語に置き換えただけやないか。それに高校生対象っていうのが分からへん」

「NBK・アントレプレナーシップ・ハイスクール」

「カタカナが多いと、どうもうさんくさい感じになるなぁ」

「もっと高校生っぽさを出した名前の方がええやろ。そこがこのプロジェクトのミソなんやから」

ダメ出しばかりしながら、谷岡も「なんかもっとピタッとくる名前があるはずなんや」と、頭の中で適当な言葉を探し続けていた。

その時、それまで書記として黙ってポチポチとパソコンに入力していた出口憲作（株式会社イワクニ 代表取締役）がポツリとつぶやいた。

「16歳からの起業塾」

「それやっ！　それものすごくええわっ！」

出口は、「次世代人材育成委員会」発足当初からのコアメンバー。委員間の連絡や事務局、後に学校との調整役を担うことになるキーマンだ。

以後、「起業家マインド育成プロジェクト」は、『16歳からの起業塾』と呼ばれるようになる。

府内全高校にアンケート実施、手応えを得る

「おおさか地域創造ファンド」の採択事業となり勢いづいた「次世代人材育成委員会」は、２０１５年10月、大阪府内の全高校にアンケート調査を実施することにした。北野が作成した台本を練ってＮＢＫの教育プログラムとして最終的に完成させるにあたり、やはり「現場の意見」をしっかり採り入れておきたかった。アンケート調査が、今後、学校とのパイプを築いていくための取っ掛かりになってくれるだろう、という

期待もあった。

「起業家教育プログラム作成のための実態調査」として、大阪府内の公立・私立高校全253校の学校長宛に郵送したアンケートの内容は次の通りだ。

◆起業について今までに生徒から相談を受けたことはありますか？〔YES・NO〕

YESと答えた方への設問

●どれくらいの頻度で相談を受けましたか？

i　年に1人〜5人　ii　年に5人超　iii　1年〜5年に1人程度

iv　5年超に1人程度　v　その他（　　　）

◆高等学校教育において起業に関する支援は必要とお考えですか？〔YES・NO〕

YESと答えた方への設問

●必要な支援内容について○印をお付けください（複数回答可）

i　起業とは何か（総論）　ii　ビジネスプラン　iii　マーケティング
iv　起業に必要な周辺知識　v　企業経営者等による講義
vi　インターンシップ　vii　その他（ご自由にお書きください）
NOと答えた方への設問
●不必要な理由を次からお選びください（複数回答可）
i　起業に対するカリキュラム不足　ii　学校内での講師人材不足
iii　起業に対する情報不足　iv　事業費の問題　v　生徒自体の知識不足
vi　そもそも高校生に必要ない　vii　その他（ご自由にお書きください）

◆一般社団法人関西ニュービジネス協議会では、『16歳からの起業塾～こんな生き方もあったのか～』というプログラムを用意し、支援の一環として高等学校への出前授業を企画しております。貴校への出前授業を希望されますか？
1　実施してほしい　2　このプログラムに興味がある　3　全く興味がない

1カ月後の締め切り日までに返答があったのは58校。回収率は23％だった。これを少ないと嘆く声は皆無だった。

むしろ、58校もの代表者（校長、教頭、進路指導担当者、関連教科担当者等）が、まだ何の実績もない事業のプログラム開発のために回答してくれたことに、委員一同、大きな手応えを感じていた。「起業家教育プログラム」に対する肯定、否定にかかわらず、何かしらの興味があればこそ意見してくれたのだろうと思った。

「起業について今までに学生から相談を受けたことがありますか」にＹＥＳと答えたのは３校、「高等学校教育において起業に関する支援は必要とお考えですか」にＹＥＳと答えたのは14校だったが、２校が、ＮＢＫの出前授業『16歳からの起業塾』を「実施してほしい」と答えてくれた。

「高等学校教育において起業に関する支援は必要とお考えですか」にＮＯと答えている場合でも、自由回答欄にさまざまな意見を書き込んでくれており、これら学校現場の「生の声」一つひとつが、プログラムをつくる上で極めて重要な参考意見となった。

- 社会人となり社会で働いてから起業した方が失敗のリスクが少ない。雇われる立場を経験してこそ雇う立場になれる。
- (本校の場合)全員が4年制大学に進学するので、そこで現実的、専門的な学びや体験の場がある。
- 学校として支援し、うまくいかない時に責任がとれない。
- 就職のモチベーションを上げるのに精一杯で起業まで手が回らない。
- 起業を成し遂げるためには、大学進学後の知識、体験、教養、人的つながりが必要となる。高校段階の支援のイメージが湧かない。

こうした学校現場の「生の声」に接することができたのは、大きな収穫だった。

お試し授業に「いける！」と確信

「起業家教育プログラム」づくりと並行して、谷岡は、「実績」をつくらねばならないと感じていた。『16歳からの起業塾』とは、「自分の中にある可能性に気付いてもらうための教育なんです」と、言葉を尽くしてアピールしたところで、学校側からすればまだ海のものとも山のものとも分からない怪しい授業だ。テーマに共感し興味をもってもらえたとしても、「今日初めてします」といった状態では、どこも訪ねられない。

そこで谷岡は一計を案じた。経営する自動車教習所のお隣りさん、「学校法人谷岡学園　大阪商業大学高等学校」を頼った。そう、谷岡の親族が経営する高校だ。隣接しているため、生徒の雰囲気もよく分かっているし、先生方とも顔なじみ。特に校長先生とは日頃から親しかった。

「とにかく10人でいいから、放課後、生徒さんを集めておいてもらえないでしょうか？」

谷岡は、校長に頼み込んだ。

「谷岡さんの頼みならしゃあないなぁ」

校長は事情を聴くと、苦笑いしつつも、引き受けてくれた。

こうして2015年11月、記念すべき『第1回・16歳からの起業塾』が開講した。当日、教室には、高校3年生がきっちり10人待っていてくれた。おそらく、すでに進学先が決まっており、クラブ活動も、学習塾や習い事も、アルバイトの予定もないフリーな生徒たちだったと思われる。

谷岡は彼ら相手に、夢中で初めての授業をした。

「君たちは大学卒業後の進路はどう考えている？」

「就職か進学か、または家業を手伝うか？」

「起業って道もあるんだよ」

「フェイスブックをつくったのは誰だ？　そうザッカーバーグだね」

「ベンチャービジネスって聞いたことあるやろう？」

「1500円のサッカーボールを5000円で売るにはどうしたらいいと思う？」

「ドラえもんの四次元ポケットは、のび太の『用事を片付ける』という発想が根底にあるんや。ベンチャービジネスも同じや」

無我夢中の1時間だった。今でも何をどうしゃべったのかよく思い出せない。ただ、生徒たちが「まじー？」とか「そんなん分からんわー」とか高校生ならではの合いの手を入れつつ、谷岡の問いかけに対して楽しそうに考えていた表情や、笑い声はしっかりと脳裏に焼き付いている。当初、谷岡らが心配していたしらけて黙ってしまうような者は一人もいなかった。質問も臆することなく次々に投げかけてくれた。たった10人相手ではあったが、それだけに「高校生ならではの反応」をしっかり観察することもできた。谷岡は確信した。これはいける。高校生たちは俺の話に聞く耳を持っている。自分なりに考える頭と好奇心を持っている。起業家マインドを伝えるのに、高校生は遅すぎもしないし、早すぎもしないと――。

「めっちゃ おもしろかった！」に一安心

年が明けて２０１６年となり、ＮＢＫの「次世代人材育成委員会」は１月中旬、大阪市立大阪ビジネスフロンティア（ＯＢＦ）高校で『16歳からの起業塾』を実施した。ＯＢＦは、明治・大正のころより「商いの街・大阪」を支える人材を輩出してきた市立商業高校３校を統合して２０１２年に設立された高校で、大阪の新産業創造を担い、起業の精神あふれる人材の育成を目指している。２０１５年10月に実施した府内全校へのアンケート調査をきっかけに、『16歳からの起業塾』に関心を持ってもらい、実施させてもらえることになったのだ。

生徒10人だったお試し授業から一気にスケールアップ、３年生計２９２人を対象に、２回に分けて授業を行った。講師は谷岡と北野が担当した。この時、北野の様子を見学していた谷岡が、「さすが税理士予備校の講師してるだけあるなぁ、話のテンポがええわ」と褒めつつ、「でも、あそこはちょっと速すぎたで」と授業後に指摘したところ、「実は、授業時間を勘違いしていて、所々巻きを入れてた……」と白状したという。スタート当初は、このような失敗もあったが、一校訪問するごとに内容や進め方を改良していった。また、実施時間、対象学年・人数、先生が希望される話題を盛り込む……など学校ごとに異なる条件、リクエストに柔軟に対応することで、台本の展開バリエーションを広げていった。

結果、２０１６年は5校計１３０２人の生徒に『16歳からの起業塾』を実施することができた。

谷岡をはじめ委員会のメンバーたちは、３カ月にわたって議論を重ね、手探りで教育プログラムを組み立ててきただけに、初年度に5校から声をかけてもらえたこと、さらに、それぞれから好評をいただけことに、ほっと胸をなでおろした。

実施校では必ずアンケートを取ることにしており、毎回、そこに書き込まれる生徒らの感想もまた、委員会メンバーの背中を後押ししてくれた。

・できるかできないかではなく、やるかやらないか、起業は思考力より行動力だという話に、起業だけじゃなくて受験勉強もそうだと思った。

・起業ってもっと難しいと思っていたけど、アイデアさえあればできるんだと分かった。

・自分の好きなことをやるのが起業だと学べた。

・経済のことはあまり分からなかったけど、経済が回るサイクルが分かった。

・他の講義よりめっちゃ面白かったし、ずっと聞いていることができた。

・起業は自己実現の一つの方法だと聞いて、自分の好きなこと、やりたいことから社会に役立つものができるのはすごく素敵だと思った。

・起業はお金儲けをするのではなく、世の中を変えたい、みんなを幸せにしたいという思いでするものだと分かった。これからは今売れているものについて、この商品はなんでこんなに売れ

授業実施後に生徒や教諭に記入してもらう意見、感想は、講師間で共有の上、次回の授業に反映させる。

ているのか考えていこうと思う。

「起業家マインド育成プログラム」の確立

２０１６年３月、実際の高校生らの反応を反映し、微調整を繰り返していたＮＢＫの「起業家マインド育成プログラム」の構成が確定した。さらに、２０１７年３月には、ＣＤに収めた講師用教材（パワーポイントのスライド画面36枚）と台本の発売を開始した。現役の経営者が企画、構成した台本であること、手持ちのＰＣを使い、すぐに授業・研修に活用できる点が魅力だ。定価３万円と設定したが、教育機関は半額だ。希望者には研修サービスも実施している。教材発売を知らせる案内リーフレットは、高校、大学、諸団体などに一斉送付された。

『16歳からの起業塾 ―こんな生き方もあったのか！―』と題した、プログラムの流れを簡単に紹介する。

〈基礎編〉

●講師の自己紹介

●中小企業が減少している日本の現状

国は税収を上げて国民を豊かにするために、会社の数を増やそうと起業を勧める政策を打ち出している。起業しやすい、今は絶好のチャンス！

●サッカー選手、本田圭佑氏のビジネス

「サッカーをもっと広めたい」という夢を「起業」という形で実現している。

↓起業とは自己実現の一つの方法である。

●高校卒業後の進路

大学、専門学校などへの進学か、就職のどちらかとされているが、そもそもなぜ進学したり就職したりするのか？↓自分が幸せになり周りの人を幸せにするため↓その目的のためには「起業」という選択肢もある。

〈実践編1〉

●マーケティングとは何か？

運転免許を例に挙げる。

運転免許を取得する人は「運転免許証」が欲しいのではなく、車を運転したいから。車に乗って、通勤、買い物、デート、家族旅行などをするという「用事」を片付けるために運転免許を取る。

●「用事」とは何か？

人がお金を使う理由として、「ニーズ」と「用事」の2つある。

ヘアサロンを例に挙げる。ニーズと用事は別のもの。「髪が伸びたのでカットしたい」がニーズで、「おしゃれな髪形にして周りに見せたい」「ヘアスタイルを変えて気分転換したい」が用事。

●1500円のサッカーボールを5000円で売るには？

グループワーク／会社をつくる

社長を決めて、皆で戦略を練る。↓発表。

〈実践編2〉

●ゲームメーカーのビジネスモデル

任天堂とガンホーのゲームはどこが違うのか。

↓ドラえもんの「どこでもドア」の値段を考える。

〈最後に生徒へのメッセージ〉

起業とは天才だけができることではない、誰でもできる幸せへの方法の一つである。

当初、小松が夢見たように、これらを用いて授業してもらうことで、全国どこでででも『16歳からの起業塾』が開講できるというわけだ。
講師となった地元の起業家や経営者、ビジネスマンがそれぞれに自身の体験や思いを盛り込みつつ、高校生に語りかけてもらえばいい。さぁ、広げていきたい「起業家マインド教育」の準備は整った。一人でも多くの高校生に、「君たちは、可能性をいっぱい持っているんだ」と伝えていこうじゃないか。

広がる講師陣

子どもに教えることで、「商売の本質」を再確認

増尾　朗（マスオグループ　代表取締役社長）

増尾　朗は約30人の学生を前に、フッと一息ついた。会社経営者という立場上、たくさんの人の前で話すことにはは慣れているのだが、教壇に立ち授業することにはいつまで

たっても慣れないでいた。どこの高校でも、教師以外の見慣れぬ大人が教壇に立てば、「さぁ、今からどんな話を聞かせてくれるんですか?」といった期待感や好奇心に満ちた、あるいは試すような挑戦的なまなざしを一身に浴びることになり、毎回、緊張させられるのだ。

「日本にはだいたい380万人ぐらいの社長さんがいます。皆さんはどんな社長さんを知っていますか?」

増尾は生徒らに問いかけながら、テンポ良く授業を進めていく。

増尾は奈良県で老舗砂糖屋を経営している。砂糖販売会社の「砂糖傳増尾商店」は1854年(安政元年)創業。今はガソリンスタンドや自動車整備工場など車関係の事業も展開している。

2015年に「勉強になるよ」と〝社長仲間〟から誘われ、NBKに入会したところ、「次世代人材育成委員会」に配属され、『16歳からの起業塾』の立ち上げに巻き込まれていった。ちょうど、谷岡と北野が、教育プログラムを完成させるために格闘していたころだ。「芽を出すかどうかは分からん。それでも俺は未来を信じたいんや」などと、委員会のメンバーが、高校生対象の起業家マインド教育について議論する様子は、そばで聞いていてとても面白かった。マーケティング理論を、高校生にも分かりやすく説明するために皆で検討した時にも多くを学んだ。

専門的な知識のない子どもに教えるのだから、やさしい言葉を選んで、ごく簡単に話しておけばいいというものでは決してない。教える側は、専門的な知識がない相手であればこそ、その「本質」を十分に理解した上で臨まねばならない。「本質」をきちんと押さえつつ、相手が理解しやすいであろう部位を取り出し、なおかつ専門家に見えている魅力や醍醐味の部分を伝えねばならない。

商売とは何だろう、人を幸せにするって何だろう。老舗商店に生まれ、ごく自然に経営を引き継いだ増尾は、「子どもに教える」という役割を前に、改めて商売の本質を考えるようになっていた。

プログラムが完成し、実際に谷岡が行う『16歳からの起業塾』を2度ほど見学したころから、各校よりオファーが寄せられるようになり、谷岡、北野以外にも講師を養成しておかねばということになった。増尾自身、「いつかは教壇に立たせてもらおう」

とは思っていたのだが、その日は案外早く訪れ、気が付けば、1年も経たぬ間に10回、教壇に立っていた。

授業のフィニッシュに入ってきた。

ドラえもんの「どこでもドア」の質問だ。

「どこでもドアが開発されました。君たちはこれを売る営業担当社員です。いくらで売るのがいいと思いますか？　どこでもドアに値段をつけてください」

実はこの質問はイジワル質問。商品を売ってしまったら利益はその時だけ。でも、お客さんが「どこでもドア」を使って、大阪から東京に行く場合は6000円、ハワイなら往復5万円、などとお客さんの「用事」を解決する度に料金を払ってもらうシステムにしたら、「どこでもドア」の売上はずっと続く。そうとは知らない生徒たちはそれぞれに妥当と思える値段を考え、「1000万円」「5000万円」「1億円」などと、オークション会場さながらに、どんどん値段を吊り上げていく。「そろそろ答えを言ってやるか」と増尾が思った時、ある生徒が声を上げた。

「売ったら損やんか！」

出た〜〜大正解〜〜！　増尾は心の中で叫んだ。

子どもとは不思議なもの。知識はなくても、唐突に物事の本質を突く時がある。

こういう発想がふとした瞬間にできることがいつの日かイノベーションにつながり、世の中に新しい価値を生み出していくにちがいないと増尾は感じている。

〝ど根性女性社長〟から高校生へのエール

池端　美和（発光土地建物 株式会社 代表取締役）

不動産会社社長、シングルマザーの実業家、女性のイキイキを応援する美容家……さまざまな肩書を持つ池端美和は、2018年5月、NBKの会員となった。彼女の場合は、『16歳からの起業塾』の講師要員としての入会だった。

谷岡が、女性起業家支援や美容をテーマに大学や企業で講演していた彼女のキャリアを見込み、スカウトしてきたのだ。池端の方でも、ちょうどその時期、キャリアデザインをテーマに大学生に講演してみて、彼らが社会へ出て行くことに思いのほか強い不安を感じていることを知り、危機感を抱いていた。世間で超一流と言われる大学の学生たちが、講演後のアンケートに、

「社会人になりたくない。就職なんて怖い」

「できればこのまま親のパラサイトでいたい」

「どうしても社会人にならないといけないなら、安定している公務員がいい」

などといった感想を書いてくる。大学で学び、卒業後も前途洋々のはずの彼らの中に、「社会=未知の世界=怖い」といった図式がはっきりと見て取れた。

そんな大学生の様子について、「中学生、高校生のころからキャリア教育が必要なのではないか」とブログにつづったところ、「あなたにうってつけの場がある。是非手伝ってほしい」と、谷岡から声がかかったというわけだ。

講演や書籍を通し、これまで多くの人を元気づけてきた池端の〝ど根性人生〟について簡単に紹介しておく。

かつて池端の父親は、半導体工場を本業としながら不動産業なども手広く営む実業

家で、池端は裕福な家庭のお嬢様として何不自由なく育った。人生の雲行きが変わったのは18歳の時。ボーイフレンドの子どもを妊娠したのだ。「10代で妊娠なんて許さん」という怒り心頭の両親をよそに、池端は出産を決断。結婚して19歳で無事出産したものの、21歳で離婚して幼子を抱えて大阪の実家に戻ることに。「世間様に恥ずかしい」と家族からも冷たく扱われ、石川県にある父親の会社の従業員として娘二人とギリギリの生活をしているうちに、バブル経済が崩壊。その後間もなく、父親は、巨額の負債を残し、池端が27歳の時に亡くなってしまった。

そこから池端の〝ど根性人生〟が始まる。半導体工場は兄が引き受け、池端は不動産業の方を何とかしようと立ち上がる。「女には無理」と周囲が破産を勧める中、池端は借金を返済しながら会社を再建する道を選ぶ。セクハラ、パワハラ、アルハラなどという言葉では言い尽くせない屈辱を味わいながら借金を返済した彼女は、36歳の時、「美しさとは顔や体の造形ではない。前向きな生き方がその人の美しさとなって現れるのだ」という信念のもと、「頑張る女性を応援しよう」と美容家としての活動もスタートさせた。

『16歳からの起業塾』の講師デビューに際しても、池端はその胆力を十分に発揮し、台本に関する簡単な打ち合せのみで、教壇に立っている。

２０１８年５月、ＮＢＫに入会、５月末に実施された『16歳からの起業塾』で講師デビューを果たした。実施数日前の谷岡や北野との打ち合わせを振り返り、「圧倒的な信頼感で大切な授業を任せてもらえた。その期待に応えたいと思った」と話す。事実、当日の様子を見学していた増尾が、「うまいことやってましたよ」と証言するように、豊富な講演経験と生来の度胸をもって、まったく初めてのＮＢＫスタイルの起業塾もこなした。

「高校生」に授業をしてみての池端の感想は、「今の高校生ってこんなに純粋無垢だったの!?」だ。教壇に立つまでは、「今の高校生は情報化社会で、日々何かに追いかけられているよう」と感じていたため、『16歳からの起業塾』で彼女が授業しても、「そんなのもう知っている」と冷めた反応が返ってくるのだろうと予想していた。ところが、「面白い」と感じれば、生徒はどんどん手を挙げて質問を投げかけてきた。そんなまっすぐな反応に、「高校生のこの時期だからこそ、伝わるものがある」と、池端は確信した。

「失敗したって、いくらでも挽回できるほどに、君たちの人生は可能性に満ちている」、「今はまだはっきりとした夢を見つけられなくてもいい。いろいろチャレンジすることで、その結果、未来につながっていくんだよ」――『16歳からの起業塾』を通し、池端が高校生に伝えたいメッセージだ。

起業はいくつになってもできる！
角濱 功治（角濱ごまとうふ総本舗 専務取締役）

「いやー、あっついですねえ、大阪は。僕、涼しい所から来ましたんで、さっきからもう暑くて、暑くて。ちょっと上着を脱がしてもらいますね。僕の会社はとても涼しい山の上にあるんです。今日は何回も電車を乗り継いで、すんごい時間をかけてようやくここに着きました」との自己紹介で、『16歳からの起業塾』をスタートさせたのは、角濱功治だ。

「山の上から来たって？」「でも電車は通ってるみたい。いったいどこ？」――生徒たちの内心の疑問に答えるように角濱は氏素性を明かす。

「僕は高野山でごま豆腐屋をやっております！」

角濱は、和歌山県の高野山で100年以上続くごま豆腐屋「角濱ごまとうふ総本舗」の4代目だ。高野山真言宗の修行僧とともに、ごま豆腐づくり一筋に努め、精進料理の叡智を大切に受け継ぐ老舗に生まれた角濱だが、すんなり4代目におさまったわけではない。次男坊だった彼には、別に夢があった。

「僕は次男坊だったので、家業は兄貴に任せて、料理人になりたかったんです。高校を卒業したら調理師学校に行って、そこで2年ぐらい勉強して、調理師学校を卒業したらどこかの店で修業して、40歳ぐらいになったら自分の店を持とうって、そんな計画を立てていました。それが皆さんと同じ高校生の時の僕の夢でした」

NBKの講師陣はインターネット社会の到来によって生まれた新時代のビジネスを紹介することが多いが、角濱は「料理人になって自分の店を持つ」という昔ながらの夢を語る。

「ところが！　家業のごま豆腐屋をやることになりました。兄貴がごま豆腐屋はやらないと言い出して、次男の僕に跡継ぎが回って来たんです。料理人になるという僕の夢は、そこで途切れてしまいました」

　こうして角濱は家業を継ぎ、ごま豆腐の製造・販売に専念してきたが、最近になってかつての夢が復活する機運が到来した。昨今のインバウンド、海外からの観光客激増は高野山にも波及しており、食事をしながら休憩する場所の少ないことが表面化してきたのだ。腹ペコで歩き回る「昼食難民」も出てくるようになったという。遠方からはるばる来てくれた観光客のもてなしが十分にできていないのは高野山のホスピタリティに関わると問題意識を持った角濱は、社内に「飲食部門」を立ち上げる。高野山の味を楽しみながらくつろげる空間を提供しようと、ごま豆腐を中心とした懐石料理のレストランを２０１６年に開業したのだ。角濱が40歳の時だった。

「うまく行くだろうかとドキドキでした。不安もいっぱいありました。それが信じられないぐらいトラブルもなくお客さんにもたくさん来ていただいて、無事に今日まで営業できています。料理人になるという夢はまだ棚上げしていますが、お客さんに美味しい料理を提供する店を持つという夢は現実のものにすることができました」

　角濱がレストラン業に乗り出したのを知った谷岡が、『16歳からの起業塾』の講師をしないかと声をかけたのだ。「今の子どもたちが夢を持つ一助になるなら」と角濱は喜んで引き受けた。

「夢にけつまずいて、人生なんてこんなもんだと妥協して生きるのではなく、夢はいくつになっても実現できるという〝気付き〟を与えてあげられたらと思う」と角濱は自身の役割を受け止めている。

だから角濱の授業は一味違う。何せ「起業」を考えるスパンが長い。角濱は生徒たちにこう話す。

「僕は40歳で店を持つという夢を実現しました。でもまだ料理人になるという夢が残っています。60歳ぐらいになったら、ごま豆腐屋は次の経営者に引き継いで、嫁さんと二人で料理屋をしたいと思っています。僕はカウンターの中で料理をつくって、それをお客さんに食べてもらいたい。その夢は決してあきらめてはいません。今はそこに向けてごま豆腐屋を頑張ってやっていくつもりです。起業っていつでもできるんですよ。皆さんが会社に就職して65歳で退職したとします。そこからセカンドステージで起業したっていい。こんなことしてみたい、あんなことを試してみたいって夢は死ぬまで実現できるチャンスがあるんです。夢は若者だけの特権じゃありません。死ぬまで夢を追っている人生って素晴らしくないですか？」

如実知自心――あるがままの自らの心を観る。いかにも、高野山からやってきた講師らしいメッセージだ。

第3章

学校から見た『16歳からの起業塾』

―教師が、高校生に備えたい力―

先生たちの危機感

ＮＢＫ・次世代人材育成委員会の挑戦は、「〝起業〟というテーマが、学校に受け入れられるだろうか」との不安感から、議論を重ね、慎重なスタートとなった。しかし、いざ動き出してみれば、意外にもコンスタントに高校から出前授業の依頼が入り、さらには生徒にも教諭にも好評だったことは嬉しい誤算だった。

なぜ高校は『16歳からの起業塾』を受け入れ、求めてくれたのか？

次世代人材育成委員会では、先生たちの〝未来対策〟だと分析している。技術革新のスピードが目まぐるしく、それらに合わせて人々のライフスタイルががらりと変わりゆく現代。スマートフォンのように急速に普及する製品が登場する一方で、長年にわたり売れていた商品がぱったり売れなくなる。高度経済成長からバブル景気に沸いた時代には飛躍の象徴だった「グローバル化」によって、日本の会社は厳しい生存競争にさらされ、高度な技術を誇る大手メーカーですら経営危機に陥る。こうした社会情勢に加えて、ついにＡＩ（人工知能）が出現した。

谷岡は、出前授業の打ち合わせをしていた時に、担当教諭から「シンギュラリティについても話してもらえませんか」と言われ、面食らったことがある。シンギュラリティとはＡＩが人間の知能を超える転換点のことで、「技術的特異点」と訳されている。シンクタンクの調査研究では、10～20年後には日本の国内労働人口のうち約半数がＡＩやロボットで代替可能になる」という報告もあり、すさまじい数の「雇用の消失」が発生する可能性も指摘されている。そんな未来予測に対し、先生たちは、「一生懸命勉強して仕事に就いても、その仕事自体がなくなってしまうのではないだろうか」と危機感を抱くとともに、「未来社会を生きる生徒たちに、自ら新しいビジネスを考え出すぐらいの発想力やチャレンジ精神を持たせて社会に送り出してやりたい」と強く思っている。そんな先生たちの思いに、ＮＢＫの『16歳からの起業塾』がピタリとはまったのではないか――と。

このような教育現場の反応に、「高校の先生は生徒を無事に卒業させるところまでが仕事なのだろうと思っていたので、こんなに真剣に生徒が社会に出た後のことまで考えておられることに驚きましたし、感激もしました」と谷岡が話せば、増尾も「実際に商売をしている者であれば、何とかなると思えもするのですが、学校で生徒の進路相談に乗る先生方からすれば、それだけ世の中が変わってしまうとなると不安は尽きないものでしょうね」と教諭らを思いやる。

経営者から見れば〝ラッキー〟

教諭から見れば、生徒は何かと不安な社会に送り出さざるを得ない世代かもしれないが、ＮＢＫの講師陣には、むしろ、〝とてもラッキーな世代〟に映っている。技術革新や産業のグローバル化によって生存競争が厳しくなった面はあるが、その一方で、新しいチャンスも生み出されているからだ。商品を販売するにしてもサービスを提供するにしても、マーケットは世界に広がっている。インターネットというツールによって、マスメディアを介さなくても自分の力で情報発信できるようになり、ＹｏｕＴｕｂｅｒなどという新種の職業まで登場している。自分の好きなことをしてそれで収入を得るという、趣味を職業に転換するハードルがものすごく下がり、チャレンジしやすくなっているのだ。ＮＢＫは生徒たちにこの「チャンス」の方に注目してほしいと思っている。

谷岡は、チャンスに注目してもらうために、授業で「お笑い芸人として有名になる方法」を事例に挙げることがある。

「今、お笑い芸人として、テレビやラジオに出演するためには、吉本興業みたいなどこかの事務所に所属するのが一般的だ。そして、事務所に入るために、事務所の経営するお笑い学校に入学して……とまあ、こういう〝決められたコース〟に乗らなきゃアカン。でもこれからはどうやろう？　ＹｏｕＴｕｂｅｒはお笑い学校を出てるかどうかなんて関係ない。動画が面白いかどうかだけしかない。つまり、ＹｏｕＴｕｂｅというツールを使えば、自分のアイデアで直接、世間で勝負できる。今の時代は、かつてとはまったく違うアプローチで頂点に到達することができる。そんな世の中にこれから出ていこうとしている君たちは、極めてラッキーな世代なんやって思わへんか？」

もう一つ、谷岡が生徒たちに「君たちはラッキーだ」と語りかける根拠として、〝少子化〟がある。少子化による人口減少は日本社会全体にとっては大きな問題だが、生徒たちの側に立てば一人ひとりの希少価値が上がっているということになる。谷岡はそんな彼らの自分自身の〝価値の高さ〟に目を向けさせる。

ほんの30年程前、ちょうど僕が高校生だったころ、日本の学校は、1学年が200万人以上もいたんです。今は1学年110万人台です。だからこそ君たちには、昔と比べると約2倍の価値があると思いませんか？　就職は売り手市場、学生たちは大企業志向が強いので、業績のいい中小企業でも「もっと社員を増やしたいのに人が来てくれない」と人手不足に悩んでいます。不況で大学を卒業しても就職先が見つからなかった時代とは大違いですよ。君たちはとてもラッキーな世代です。

人材の数が少ないということは、一人ひとりの価値が高いので、実は「失敗が許される」ってことでもあるんです。ある会社に就職したとして、どうも仕事になじめなかったとします。しかたなく嫌々仕事を続ける必要はありません。転職するチャンスがあるんです。新入社員として入社した会社でうまくいかなくても、また別の会社で働くことができる。かつては中途入社の門戸はとても狭かったです。なぜならば、毎年春になると学校を卒業したての新人が、わんさか湧いて出てきたからです。新入社員がたっぷりと採用できるから、別の会社でつまずいた人間を中途採用する必要がなかった。だからいったん、会社に就職したら、嫌なことがあっても、他にやりたいことが出てきても、がまんして定年までずっと働き続けるというのが一般的でした。

君たち〝少子化世代〟はこれから社会に出て、そんな働き方を選択する必要はないんです。例えば、会社に就職せずに起業して、失敗したとします。そこから就職することだってできます。というのも、企業側の考え方も変わってきているんです。社会で揉まれてきた一癖も、二癖もあるような人の価値を認め、積極的に集めようとしています。「どんな学校を卒業したか」「どんな資格を持っているか」というのがこれまで会社の採用基準の柱でしたが、これからは「どんな起業にチャレンジしたか」「どういう失敗を経験したか」ということも、十分にアピールポイントになってくることが予想されます。

次に、『16歳からの起業塾』を参観した教諭らの、アンケートのコメントを紹介する。

・アイデアの大切さや、社会の見方へのアドバイスをもらえたことが、とても良かった。

・社会に出た時の〝物の見方〟を伝える、というアプローチが生徒らに響きやすく良かったと思う。

・話を聞いて、私もワクワクした。

会社経営者であるＮＢＫの講師らの視点が好評であることがうかがえる。

Case ①

大阪市立大阪ビジネスフロンティア高等学校

～ＯＢＦプライドみなぎる商業教育先進校～

校長　川口 伊佐夫先生

ＮＢＫ講師陣が〝起業家マインド教育〟との相性の良さを最も実感している学校が、「大阪市立大阪ビジネスフロンティア（ＯＢＦ）高校」（大阪市天王寺区）だ。２０１６年１月に、３年生２９２人を対象に、ＮＢＫとして初めての『16歳からの起業塾』を行って以来、３年にわたる付き合いが続いている。

「大阪商業講習所」（明治13年創立）をルーツに持つ天王寺商業高校など、長きにわたり「商都・大阪」を支える人材を送り出してきた３つの市立商業高校を統合し、２０１２年４月に開校した。新校舎は、天王寺商業高校があった玉造筋と勝山通の交差点程近くに建設された。「現代ではどんな職種でも簿記、情報、国際の要素が必要」との考えから、設置学科は「グローバルビジネス科」のみとしている。従来の商業高校の学習スキームを打ち破り、〝社会で即戦力になる人財〟を育てることを目指して誕生した大阪の注目校である。

「本校が大阪商業教育の中心であらねば、という自負はある。ＯＢＦプライドです」と川口伊佐夫校長。校訓に、「守（大切な基本を守る）・破（既成概念を破る、自分の殻を打ち破る）・離（自分にしかない独自性を持つ、新たな境地をめざす）」と掲げるだけあって、そのカリキュラムも進取の気性に富んでいる。

最大の特徴は、大阪市立大学、関西大学、関西外国語大学など5つの「連携大学」を持ち、「高校と大学の7年間でビジネスのスペシャリストを育成する」ためのプログラムが設定されていることだ。近年、商業高校卒業後、大学へと進学する生徒が増加していることを受け、高大の接続をスムーズなものとするためのプログラムとなっている。これまでは商業高校で簿記や会計を学んでも、大学進学後、いったん普通科出身者と同じスタート地点、同じスピードで学び直さねばならず、商業分野の力を発展させにくい状況にあった。それが、連携大学の特別枠（65名）を利用すれば、OBFで得た高水準の商業知識を、大学進学後も他の学生と別枠で伸ばしていくことができる。結果、大学卒業時に〝社会で即戦力になる人財〟を目指すというものだ。

また、関西大学教授陣が執筆したOBFのオリジナルテキスト『ビジネス・アイ』を使って、1年生で基礎を学び、2、3年生で大学のゼミの研究課題に取り組んだり、企業を実地調査して企業から与えられた課題の解決方法を考えたりする。

「本校の卒業生は、実際、優秀なんですよ」と川口校長が胸を張るように、これまで連携大学に進学したＯＢＦ卒業生は、受験を乗り越え入学してきた普通科出身者よりも高いレベルにあったという。

ビジネスの楽しさ・面白みを伝えてこそ

高大７年間を見通したプログラムで、〝社会の即戦力となる人財〟を育てたいＯＢＦは、生徒に、簿記や会計を学ぶ〝楽しさ〟や、その学びが社会とつながっていると実感できる〝実学としての面白み〟を伝えていくことを大切にしている。

それだけにＯＢＦの授業は、とにかく刺激的だ。

例えば、課題について皆で議論しながら考えを深める「ビジネスマネジメント」の授業では、生徒に新商品や新ビジネスを考えさせる。１年生ではまず「アイデア」を促し、２年生、３年生になると、採算が取れるのか、社会にどう貢献するのか……など持続可能なビジネスとして成立させることを考えさせる。

産学連携教室では、「あずさ監査法人」と、大学生のインターンシップをコーディネートする「NPO法人 JAE」と提携し、商品企画を生徒に考えさせる授業を行っている。当初は、財務諸表の分析をする授業だったが、生徒により具体的にビジネスの面白さを体感してもらおうと、2015年より新プログラムに取り組むようになった。『Business Game～究極のお弁当と究極の戦略～』と題したそのプログラムでは、考案する商品を「弁当」とし、生徒らが弁当を売るターゲットを設定、それに合った弁当を考案した後、架空の街で販売する計画を立てるのだという。すでに勉強した会計や情報処理の知識を生かして弁当戦略を考えるため、学んだ知識が実社会でどう使われるのかを実感することができる。

さらに、生徒が小学校に出前授業に出向き、同プログラムで小学生を相手に授業を行っている。生徒は、小学生にも分かるように内容をかみ砕いて説明することで、自らの学びをどんどん深化させるという。

また、この冬、生徒の考案からいよいよ本当の「商品」が誕生する見通しが立っている。地元のお菓子メーカーの協力を得て、「大阪のお菓子」を考える企画に取り組んだのだ。川口校長は「最初のうちはメーカーさんからダメ出しばっかり。商品の発想だけでなく、採算が取れる見通しがないといけませんから。生徒たちは現実の厳しさを痛感したと思いますよ」と愉快げに振り返る。3年間にわたり、粘り強くアイデアを練り続け、メーカーから「OK」が出たのは、ミックスジュース味のチョコクランチだ。牛乳を入れるタイプのミックスジュースが大阪発祥であるため、お菓子として楽しめるだけでなく、お土産などにも使ってもらえると考えた。近くいきなり1万個から製造するという。

OBFの教育方針は「大阪の新産業創造を担い、起業の精神にあふれ、国際社会で活躍する高度な専門性を備えた人材を育成する」こと。このように教育方針に〝起業の精神〟という言葉が明文化されている学校は珍しい。川口校長は「自分の仕事に責任を持てる人間であれ、という思いを込めたものです」と説明する。

世間をあっと言わせるようなニュービジネスを興す「起業家」だけを目指しているわけではない。これからの激動の時代、サラリーマンであっても、経営者の目線を持って仕事に取り組める人間でなければならないということだ。

まさにNBKの『16歳からの起業塾』の目指すところとピタリと一致している。相性がよいはずだ。

現役経営者の説得力

〝起業の精神〟を教育方針に掲げるOBFが、NBKの『16歳からの起業塾』を知ったのは、谷岡らが大阪府内の全高校を対象に「起業家教育プログラム作成のための実態調査」と題したアンケートを送付したことがきっかけだった。2015年10月のことだ。関心を持ったのは、商業科の大中真太郎教諭だ。大中教諭はビジネスマネジメント教育の中心的な立場にいて、授業に取り入れられそうな材料を常に探していた。アンケートをきっかけに『16歳からの起業塾』のことを知った大中教諭は、何よりも実際に会社経営をしている人たち

商業科　大中 真太郎先生

が講義してくれることに魅力を覚えた。

大中教諭は「教師には、やはりビジネスの世界のことは分かりませんからね」と笑う。こうした自覚から、生徒には教師が提供する教育だけでなく、さまざまな職業人と接する機会を設けてやりたいと考えている。

「同じことを言うにしても、教師が言うのと、教師以外の人が言うのとでは、生徒の受け取り方が違うんです。私が『起業家マインドを持て』と言うよりも、会社の社長さんが言った方が圧倒的に説得力があります」

２０１６年、初めてＯＢＦで『16歳からの起業塾』を行った谷岡は、商業高校に学ぶ生徒ならではのビジネスの話題に対する意識の高さや、日頃の探究型学習の成果を窺わせる、グループの意見をまとめる手際の良さに驚いたことをよく覚えている。

この時の授業を見ていた大中教諭は、「とにかく谷岡さんのお話のうまさにびっくりしました。まるでプロの講師みたいで、本当にこの人、ドライビングスクールの社長さんなのかと思いましたよ。題材が身近なので分かりやすいし、生徒に問いかけながら進めていく参加型のやり方なので教室が盛り上がりましたね」

生徒たちの反応が良かったこともあり、ＯＢＦではその年の6月にも3年生３０９人を対象に行った。

その翌年の２０１７年6月からは、1年生対象に切り替えられた。まだ入学して３カ月も経たない生徒たちだった。

「これから高校でさまざまなことを学んでいく上で、その土壌をつくることができるのではないかと思いました」と大中教諭。

ＯＢＦでは連携大学の教授らを講師に招き、企業会計や経営コンサルティングの授業を行っているが、入学してすぐに、ＮＢＫの『16歳からの起業塾』に盛り込まれている、「ビジネスってそもそも世の中を豊かにして人々を幸せにするものなんだよ」という基本の部分をインプットしておけば、その後に学ぶ経営、経済に関する専門的な知識がぐっと染み込みやすくなるというわけだ。

２０１７年に初めて1年生向けに行った授業を受けた井上実可子さんは「量販店で１５００円のサッカーボールを５０００円で売る方法を考えたのがとても印象に残っています」と話す。「サッカーボールに何かオマケを付けて値段を高くするのは私も考えたのですが、オリジナルのミサンガを付けるとかモノを付ける発想しかありませんでした。でも実際には、子どもがリフティングを10回連続できるようになるまで指導するというソフト面のサービスがオマケだった。こういうやり方もあるんだってびっくりしました」

大企業の創立者らの立志伝を学ぶ機会があるからか、新しい事業を興す起業というものを「偉人伝の世界の話」と思っていた生徒もおり、『16歳からの起業塾』を聞いて、「現代にも起業はある」「意外と身近なところにある」と印象が変わったという感想も聞かれる。

東山桃子さんは「就職する時には、給料第一ではなく安心して働ける会社かどうかを重視したい。いくら給料が良くても、際限なく残業やノルマに追われて心身をすり減らすなんて絶対に嫌」と言い、「それなら自分でパン屋さんとかお店を持って、自分のペースで仕事できるようにしたい」と言う。高校生は、ブラック企業のサービス残業や長時間労働による過労自殺が社会問題化しているのを敏感に感じ取っている。会社に就職した途端に「人格のない組織の駒」になるのを拒否する気持ちが強く、「起業」という選択肢も、一獲千金を目指すイチかバチかの手段というイメージは持っていない。自分が好きなことを自分なりの働き方で「職業」にできるなら、それもいいだろうという感覚で受け止めている。

ビジネスコンテストで、感性を磨く

２０１７年６月に、『16歳からの起業塾』を受講した1年生は、もう一つＮＢＫの活動にかかわっている。「ＮＢＫニュービジネスアワード２０１７」に参加したのだ。これは「起業家の登竜門」と銘打ったＮＢＫの表彰事業で、平成元年（１９８９年）から続いている。関西2府４県の企業、団体、経営者を対象に、独創的かつ市場性のあるニュービジネスや、これから実現しようとしているビジネスプランの応募を受け、優秀者を表彰する。すでに展開中の事業が応募対象の「アントレプレナー部門」と、これから実現しようとする事業が応募対象の「ビジネスプラン部門」がある。このビジネスプラン部門に、「イノベーションの担い手となる若者を育てていこう」との小松会長の肝入りで、２０１7年から、中高校生を対象とした「U－19」賞が新たに創設された。

ＯＢＦでは2年生２６３人全員が、自分のやりたい事業を考えて「U－19」賞に応募したところ、何と「脱水症状を感知する服」を考えた女子生徒が最優秀賞を獲得したのだ。さらに他にも３つのアイデアが優秀賞に選ばれた。

最優秀賞を受賞した藤森穂花さんは、小学生の時、海水浴で遊ぶのに夢中になっていて熱中症に気付かなかったことがあり、それが発想のもとになった。近年、猛暑で熱中症が国民的課題となっているのを切実に感じ、「他の人が気付いてあげられたらいいのでは」と考えた。体温や汗の量を感知する物質をTシャツに貼り付け、色の変化で知らせるようにすれば、自覚症状のない

(左から)塩川みなみさん、藤森穂花さん、坂口花乃音さん

高齢者や乳幼児などでも熱中症が防げるというわけだ。自分で商品を考案して企画書をまとめる経験は、大学受験でも役立ち、プレゼンテーションの企画書を作成するAO入試で見事、大阪芸術大学に合格した。将来はイベントプロデューサーになるのが夢だ。

「眠っている財産に光を」というレンタル事業で優秀賞を受賞した塩川みなみさんは、「亡くなった祖父が骨董品集めが趣味で、自宅に壺や掛け軸などがいっぱいあって置き場に困っているのにヒントを得ました」と言う。玄関ホールや応接室などに美術品を飾りたいという希望のある施設と、個人が保有して「日の目を見ない」状態になっている美術品とをマッチングさせ、貸し出す仕組みを提案した。施設側は美術品を買わなくてもいいし、美術品の所有者は貸し出すことで収入を得ることができる。塩川さんはさらに、こうした人と人、人とモノをつなぐネットワークが「地域を活性化するところまで発展させられないか」と考えており、こうした分野のコンサルティングをする仕事に就きたいという。

かぐわしい香りをこよなく愛する坂口花乃音さんは、香水や柔軟剤などをコンビニに設置したシステムで買えるようにする方法を考案し、優秀賞に選ばれた。関心のある商品のボタンを押すとその香りを染み込ませた紙が出てきて、香りを試した上で商品を購入できる。「こんな装置があったらいいな」という思いをそのまま書いたという。坂口さんは商業科系の生徒には珍しく医療大学への進学を目指しており、高校で鍛えた企画力、発想力を医療現場で生かしていこうとしている。

こうした受賞事業や商品は教諭らが熱心に指導した結果かと言えば、そうではない。大中教諭は「私たちは一切アドバイスや指導はしていません」と言う。同校では、日本政策金融公庫主催の表彰事業「高校生ビジネスプラン・グランプリ」にも応募してきたが、大中教諭は「お恥ずかしい話、いずれのビジネスコンテストでも、私たち教員がいいなと思ったものが受賞せず、教員はまったく注目しなかったものが受賞するんです。なまじ教員の感覚なんて差し挟まない方がいいと思って、敢えて何も言わず、生徒が考えたものをそのまま出すことにしています」と明かす。

川口校長も、「世の中の人は何を求めているのだろう？　と新しいビジネスについてあれこれ考えることは、生徒の感性を大いに磨いてくれる。ビジネスコンテストに参加することは、非常に教育効果が高いと感じています」と言う。

ＡＩやロボットが人間に取って代わる未来予想についても、「ＡＩやロボットにはなくて人間にあるものは〝感性〟です。感性を磨いていれば、シンギュラリティを恐れることはないと思います」と力を込める。

「英語が苦手な生徒でもオーストラリアでホームステイすると、英語で意思疎通できるようになります。これは周りの人たちが『この子は何を言おうとしているのかな』と一生懸命、理解しようとしてくれるからです。人間には、この感性があるからこそコミュニケーションは成立するんです」とし、「生徒に自分の感性を大切にするよう教えたいし、そのためには私たち教員も感性を磨かないといけないと思っています」と話す。実際、大中教諭をはじめ教諭らは、常により良い教材・テーマを探し、授業がマンネリ化しない工夫をしているという。今後も、1年生の9月には『16歳からの起業塾』を実施し、秋には「ＮＢＫニュービジネスアワード」に応募するという〝感性教育〟を続ける方針だ。

Case②

大阪府立四條畷高等学校

～文部科学省・大阪府指定のリーダー育成校～

グローバルリーダーズ部　部長
新井 直子先生

NBKの『16歳からの起業塾』が商業科系の高校からスタートしたのは、「商売」との親和性が高いだろうという判断だった。ところが、2017年になって思いがけない高校からオファーが入った。大阪府内でも有数の進学校、府立四條畷高校だ。1903年(明治36年)に旧制四條畷中学校として創立。以来、100年以上にわたり「質実剛健」「文武両道」を教育方針とし、自主、自立、自由を貴ぶ精神を創立時から連綿と引き継いでいる。

2011年に、大阪府から、未来のリーダー育成校としてグローバル・リーダーズ・ハイスクール(GLHS)に指定、第1期(2012年~2016年)、第2期(2018年~2022年)と、文部科学省から、科学技術や理科・数学教育を重点的に行う高校として、スーパーサイエンスハイスクール(SSH)に指定、2014年には、同じく文部科学省から、グローバル・リーダーの育成校として、スーパー・グローバル・ハイスクール(SGH)アソシエイト校の指定を受けている。

そんな伝統ある進学校の四條畷高校だけに、受験しか眼中にないという印象を持っていたNBKの面々は、意外な学校からの連絡に、自分たちの取り組みが垣根を一つ

飛び越えて広がったような気がした。

四條畷高校では毎年11月に1、2年生を対象に「飯盛セミナー」と銘打った進路学習を実施しており、卒業生を中心にさまざまな分野で活躍する職業人を招いて、それぞれの仕事の魅力や意義を語ってもらう講座を開催している。生徒が将来の〝自分像〟を意識するための時間となっている。2日間にわたって10種類ほどの講座が用意され、生徒は興味がある講座を選んで受講する。講師として招くのは、市長や外務省職員、建築家、心理学の専門家など文系、理系を問わずあらゆる分野にわたる。「飯盛セミナー」というネーミングは四條畷市とお隣の大東市にまたがる飯盛山にちなんだもので、戦国時代に摂津・河内を支配した三好長慶の巨大な山城の城跡が今も残る。

「『16歳からの起業塾』を飯盛セミナーの講座の一つにできないかと考えました」と話すのは、グローバルリーダーズ（GL）部の部長・新井直子教諭だ。GL部とは、「国際交流活動」や「SSH校」としての課外活動を連携させるとともに、「課題研究」の授業とうまく組み合わせ、それぞれの学びが互いに好影響をもたらすよう調整役を担う部だ。先進的な教育がうまく機能するよう、2017年、新たにつくられた。

高等学校における「起業家教育」プログラムのご案内

高校生は将来の進路選択において、「起業」という選択肢があることを学ぶ。
NBKは、そのための授業（講座）をご提供します。

1. 現役の経営者が、学校で授業を行います。
2. 高校生にも分かりやすく、アクティブに伝えます。
3. 本プログラムを通して、起業することの意味を学びます。
4. 参加体験型のプログラムも可能です。

新井教諭はこれを見て、進路学習「飯盛セミナー」の講座の中に「自らがビジネスを立ち上げる起業という選択肢があってもいいのでは」と考えた。新井教諭からの連絡を受けて、谷岡らはさっそく学校を訪問。打ち合わせ後、その年の11月、「飯盛セミナー」の講座の一つに、『16歳からの起業塾』が盛り込まれた。

「飯盛セミナー」で、『16歳からの起業塾』を選択したのは1、2年生30人。〝起業〟というテーマに関心を持って集まった生徒は、どちらかと言えば、積極的なタイプの生徒たち。講師を務めた谷岡は、四條畷高校での第一回授業で、「さすが進学校。生徒の集中力も高く、アイデアもたくさん出てくるんだなと感心したことを覚えていますす」と振り返る。

恒例の授業後のアンケートからも、生徒らがしっかり聞いてくれていたことが確認できた。

- 起業だけでなくさまざまなことに積極的行動力が必要だと学んだ。
- 今後の進路につながりそうなことが聞けた。
- 「やるか、やらないか」という言葉は、いろいろな考えに通じると思った。
- 自分だけ幸せになればいいと思っていたけれど、周りの人のことも考えないといけないということが分かった。
- 人を幸せにするために働くのだという話が聞けて良かった。

・「マーケティング」というのを体験できた。
・起業は思い切りがいるもので、失敗したら借金を背負うと思っていたが、法律がしっかり整備されてきているということが分かったので、起業への興味が湧いた。

「NBKニュービジネスアワード」応募をきっかけに、〝探究心〟に火がつく

谷岡らはここでも「NBKニュービジネスアワード」の「U－19」賞への挑戦を提案した。SSH校に指定されている四條畷高校の場合、大学進学では理系学部への進学希望者も多く、科学的な思考力の養成に力を入れている。1年生には夏休み中、身近にある課題を発見し、その解決方法をチームで探るという研究課題を与えることになっていた。谷岡らの提案に、新井教諭はこの「夏休みの宿題」が頭に浮かび、コンテストに応募するとなれば、生徒たちの目標にもなるだろうと考え、やらせてみることにした。

夏休み明けに生徒たちが提出したレポートの中から、独創性、現実性、公共性などの観点から7案を選び、コンテスト応募に備え内容をブラッシュアップさせた。

その結果、見事、四條畷高校の生徒のアイデア二つが優秀賞を受賞した。

一つは、松原輝東君の「くっつくるんイヤホン」だ。イヤホンのコードが絡むのを何とかしようとしたのが、発想の始まりだった。3次元から2次元に近づけると絡みにくくなるという結び目理論に基づき、コードをフリーザーバッグに入れて平らにしようと努力してみた。その時、フリーザーバッグのチャック部分の構造をコードに取り入れれば、コード同士がくっついて絡まなくなるのではないかと思いついたのだ。

自室に籠ってコードの断面図を書きまくり、途中、お母さんから「変な絵ばっかり描いていないで勉強しなさい」と労作の図面をくしゃくしゃにされてしまうという〝事件〟も発生。しかし、そのお母さんも松原君のアイデアが優秀賞に選ばれてからは、「そんなすごいことやってたの!?」と彼の発明にかける情熱を認めてくれるようになったという。

もう一つは、女子生徒2人と男子生徒3人（藤田さくらさん、眞鍋咲稀さん、岩成海君、松本義人君、森田一至君）でつくる「チームハンバーグ」の考えた「1家に1セット非常食プラン!!」※だ。

防災の重要性がクローズアップされているのに、非常食を装備している家庭はまだ半分ぐらいしかないということを知り、「自治体が非常食を各家庭に提供したらどうか」と考えた。非常食にも賞味期限があるので、定期的に新しい非常食を配備する必要がある。「各家庭に非常食を運ぶのは地域ボランティアがする」と設定し、「非常食をツールとして独居老人の見守りなど住民とのかかわりができる」など地域コミュニティの強化にも貢献できるとした。意見を出し合いながらプランを練り上げていくのが楽しかったと話す。

※「NBKニュービジネスアワード・U－19賞」の受賞をきっかけに、四條畷市の市民講座『なわて学』で、市長や市民に同プランを発表。さらに、四條畷市役所が放送しているインターネット生番組『なわちゃん』に出演。生放送でプラン内容を発表した。

新井教諭は「進学校はどうしても受験勉強に縛られてしまう部分があって、生徒も受験に関係がないことには力を抜くことがあるんですけど、NBKニュービジネスアワードに応募させたら、生徒たちは自分の選んだ課題に没頭する姿を見せてくれました」と話す。

特に、「くっつくるんイヤホン」を考案した松原君の熱中ぶりは、これからのグローバルリーダーズ部の方向性を考える上でも非常に参考になったという。

「彼は、勉強にイマイチ気が入らない生徒だったんです。当初、夏の研究の発表をする様子を見ていましたが、フリーザーバッグにイヤホンを入れて説明していても、いかにも『テキトーにやりました』って感じだったんですね。それが『このアイデア、もうひとひねりしてビ

（前列左から）岩成 海君、松本義人君、松原輝東君
（後列左から）森田一至君、藤田さくらさん、眞鍋咲稀さん

ジネスコンテストに応募してみない？』って言ったら、目の色が変わりました。夜遅くまで研究に打ち込んで、親から怒られても止められず、必死になって自分の作品を仕上げてきたんです」

生徒の潜在的な力を引き出した理由を、新井教諭は、コンテストに応募することで「自分の研究が実用化する」という新たなステージが見えたからではないかとみている。高校の学習カリキュラムだから卒業するためにこなさなきゃいけない、宿題だからやらなきゃいけない、大学受験に必要だから勉強しなきゃいけない……こうした〝勉強させられている感〟を背負いがちな進学校の生徒にとって、自分の研究内容が「実用化」して誰かの役に立つという「成果」を意識したことで、教諭らも想像しなかったモチベーションを引き出したのではないだろうか。

〝ファーストリスナー〟としての研究指導

四條畷高校は、夏の研究だけでなく、年間を通じて「課題研究」の授業も行っている。

「ＮＢＫニュービジネスアワード・Ｕ－19賞」受賞者たちに、現在取り組み中の研究内容を聞いてみた。

松原君は、紙オムツなどに使われている高分子吸収ポリマーが石油由来の材料なため、環境に優しくて同様の機能を持つ材料の開発について研究中。

藤田さんは、食糧危機に備えて大豆を使ってご飯やパンをつくる代替食を研究。

眞鍋さんは、日焼け止めで皮膚がかぶれるケースがあるため、「日焼け止めを使わずに日焼けを防ぐ効果的な方法」を見つけ出そうと、さまざまな素材の紫外線吸収量を調べている。

森田君は、心理学的な見地から「プラセボ効果」について調べており、「○○を食べると計算のスピードが上がる」などと科学的根拠のない効果を謳って信じ込ませ、実際に計算スピードが上がるかどうかの実験を重ねている。被験者は下級生だ。

松本君は、クモの糸を素材に丈夫なロープをつくるためクモの糸を大量に収集。

ソロバンの達人の岩成君は「ソロバンを使うと右脳が活性化する」ことについて解

明しようとしている。

科学技術や理科・数学教育を重点的に行うSSH校であるため、課題研究も科学系のテーマが多い。こうした課題研究について新井教諭は「高校生に研究をさせるというのは教師の方も経験がなく、自分が教えている教科の知識では対応できないのを負担に感じる教師もいました」と振り返る。しかし、2017年春に開いた勉強会で、関西学院大学総合政策学部の宗前清貞准教授に指導方法について相談したところ、「専門ではないんですから、生徒を教えようとしなくていいんですよ。先生方は、生徒たちが取り組む研究の進行役であり、論文の最初の読み手であればいいんです」と言われた。このアドバイスをきっかけに、生徒の「課題研究」には、ファーストリスナーとして対応する、とのスタンスが確立され、教諭らはぐっと気が楽になったという。以来、四條畷高校の教諭らは、生徒の研究の進捗状況にじっと耳を傾け、「そのやり方では立証されていないよ」、「専門の先生に聞いてみたら」など、リスナーとして感想や意見を返すことで、生徒らの研究の行方を見守っている。

研究していても成績向上、国公立大学合格

現在、「課題研究」の授業には、1学年が100グループほどに分かれてそれぞれ別々のテーマに取り組んでいる。教諭らはペアになり、1ペアが8〜9グループを担当する。「課題研究」の授業の効果として、新井教諭は「生徒たちのあらゆる力が総合的にアップする」と言う。

「まず、どういう目的で何を研究するか、自分で考えて行動するようになります。グループで研究に取り組んでいるので、コミュニケーション能力が養われます。論文を仕上げなくてはならないので、大量のデータを分析して結論を要約する力が求められます。発表の機会も複数回あるので、プレゼンテーション能力が上がります。他のグループの研究を批評もしなきゃいけないので、批判力も持たなくてはなりません」

実際、高校在学中の研究への取り組みを評価され、特色（AO）入試で国公立大学に合格する生徒が次々に現れるという実績に結びついている。

当初、「課題研究」に時間を使うことで、受験に必要な学科の勉強がおろそかに

なってしまうことを心配する声もあったが、決してそんなことにはなっていないという。天体の万有引力を利用して宇宙船や探査機の速度や方向を変える技術「スイングバイ」を研究していたある生徒は、途中で研究を止められなくなり、3年生になっても軌道計算などを続けていた。内心、「受験勉強ができていない」と焦っているのを新井教諭も知ってはいたが、数学科の教諭から「ものすごく成績が伸びている」と聞かされ、「課題研究の力だ」と感じたという。「課題研究」は英語でも発表するため、研究への情熱に後押しされる形で「英語力」も向上している。

ビジネスコンテスト応募→実用化も夢じゃない!?

2018年1月、四條畷高校で初めての「課題研究の発表会」が開催された。大学教授や大学院生ら外部からのアドバイザーを20人ほど招き、各研究の「評価」をしてもらった。体育館に研究チームごとにパネルやポスターを並べ、アドバイザーはその間を練り歩きながら、生徒たちの説明を聞く仕組みだ。NBKの『16歳からの起業塾』

メンバーもアドバイザーとして参加した。谷岡は、「生徒たちが『説明させてくださ い』ってとても積極的で、まずそれにびっくりしました。配布資料も工夫されていて とても分かりやすかったですし、プレゼンテーションのパフォーマンスが演劇ばりの チームもあり、なかなか前に進めなくて大変でした」と、当日の会場の熱気を振り返る。

新井教諭も、「研究を通して、学ぶことが『面白い』と思ってもらうことを期待しているのですが、実は、指導する私たち教師も面白くなってきています」と笑う。

「高校生の研究発表ってだいたい『将来的にはこういう効果が予想されます』といった展望で締めくくるのが一つのパターンなんですが、NBKさんのような団体や会社がかかわってくれて、コンテスト応募を経て実用化への道が開けるのだとしたら、そこをゴールにすることもできます。そうなると、生徒の課題研究への熱量も大き

く変わってくると思います」

実際、「課題研究の発表会」などの場で、外部アドバイザーから実用化を前提とした評価や意見をもらえることは、生徒らにとって大きな励みとなっている。

『16歳からの起業塾』受講の60％が起業予定⁉

ビジネスチャンスを我がこととして考えることで生まれる教育効果に期待する一方で、新井教諭はNBKの『16歳からの起業塾』を「まだ進路がはっきりしていない生徒に、是非、聞いてほしい」と話す。「飯盛セミナー」の講座では、講師たちは自身の仕事について講義をしているが、『16歳からの起業塾』だけは既存の職業に関する説明ではなく、「何でもできる」「何にでもなれる」というフリーゾーンだからだ。

「自分のやりたいことが見つからず、それを探す行動力もなく、何となく高校生活を送っている生徒もいるんです。そういう子たちに『好きなことが見つけられたら、それが仕事になるかもしれないよ』っていうメッセージを送るのはとても刺激になるだろうし、日々の教室の勉強につながっていくと思います」

２０１７年11月に実施した『16歳からの起業塾』では、30人中18人がアンケートで「起業したい」と答えている。では「どんな起業をしたいのか」という質問に、今まさに16歳の彼らは、それぞれにぼんやりと形をとりつつある、事業イメージを書いている。

•化学分野を応用して新しい物を発明して売る。
•スポーツが好きなので、それに関したこと。
•日本の農家が災害に怯えることなく作物を生産できるように支える会社をつくる。
•アニメや漫画のクリエーターを助ける事業をしたい。
•英会話教室をつくりたい。

『16歳からの起業塾』の受講生の中から、世に変革をもたらす発明家や実業家が誕生する日が待たれる。

NBK
16歳からの
起業
相談室

高校生活をどう生きるか？

2018年1月、大阪市立住吉商業高校から谷岡に電話がかかってきた。2カ月前に谷岡が講師になって『16歳からの起業塾』の授業を行っていた。「いったい何事かな？」とスマートフォンの画面をタップする。電話の相手は進路指導担当教諭からだった。

「先日、2年生の進路相談があったのですが『起業したい』という生徒が出て来たんです。谷岡さんの起業塾の授業を受けて感化されたみたいで」

早速そんな生徒が現れたことはうれしかったが、教諭は困った様子だ。

「進学と就職に関してはアドバイスできるのですが、起業についての相談は初めてで、何をどう言ったものかと……」

起業という〝進路〟が学校の先生方の守備範囲を超えてしまっていることに気付いた谷岡は、高校に行ってその生徒と話をしてみることにした。

担当教諭同席のもと、起業希望第一号のA君と向き合った谷岡は、こう切り出した。

「会社を経営したりお店を持ったりすると、どうしても逃れられないものが一つだけある。売上の数字を毎日、記録しないといけない」

「はい、分かってます。僕、焼き鳥屋でバイトしてて、店長のノートを見てますから」

「なるほど、それなら、仕入れがいくら、とか分かってるんやな。今日はお客さんが何人来て、売上が全部でいくらだったか。この数字を見て、普通は割り算して客単価を計算する。起業で大事なことは、この数字ってものが、今年より来年、来年より再来年って上がっていく計画を立てないといけない。だからどんな店も、新メニューを考えるなどして工夫するわけや。君は中間テストの国語の点数は何点だった？」

「え？　テストの点ですか。えーと、国語は60点ぐらいあったかな。……じゃなくて、50点だったかも。うーん、よく覚えていません」

「ははは、まあ仮に51点だったとしよう。では、次の期末テストで君は何点取るつもりで勉強する？」

「……………」

「この質問に答えられないようでは、まだ起業はでけへんなあ。いいか？　大きい会社になれば、株主総会ってものがある。経営者は株主に対して、来年の営業成績を約束して、それを履行することが絶対に必要になってくる。俺は次の期末テストで100点を取らなきゃいけないと言っているわけじゃない。起業なんて、いきなり100点を取れるものじゃない。中間テストが51点だったなら、期末テストの目標は55点だっていい。次の期末テストで国語は55点を取ると先生に約束しなさい。そして、テストの結果を先生に報告しなさい。55点を取れなかったら、なぜできなかったのか報告書を書いて先生に提出しなさい。国語で目標が達成できたら、次は英語、その次は……と新しい目標を立てるんや。こういうことができないなら、高校を卒業してすぐに起業するなんて無理や。他人と何かを約束して、その約束を果たすのが会社を経営する、ビジネスをするということや。約束が果たせなかったら経営者は責任を取らなきゃいけない。今、言ったような〝先生との約束〟を、明日から実行する者だけが成功する。それが起業の世界なんやで」

谷岡と話をしたA君は、「今の君には無理や」と言われてショックを受けたかと思いきや、現役経営者である谷岡からの具体的なアドバイスに、心底納得した様子で目を輝かせていたという。

生徒のアルバイトを禁止している高校もあるが、谷岡は「学生が実社会の仕事を見ようとしたら、インターンシップなんかよりアルバイトの方がよっぽど得るものは大きい」という考えだ。

「インターンシップというのは企業が学生を『おもてなし』しているに過ぎません。しかし、アルバイトは稼働している職場に飛び込むのであり、バイトだって職場で必要な構成要員です。ミスをしたら容赦なく叱られますし、パワハラもあるかもしれません。でも、こんな職場は嫌だと気に入らないなら辞めればいい。いつでもすぐに辞められるのがバイトのいいところじゃないですか。焼き鳥屋に関心があってバイトするんだったら、一つの店でずっとバイトするより、敢えて〝渡り鳥〟になっていろんな焼き鳥屋を経験する方法もあります。同じ焼き鳥屋でも流行っている店もあれば、賑わっていない店もある。そこで、なぜそういう違いが出てくるのかといった視点で店を観察し、勝敗分析したらビジネスの成功のカギが見えてくるはずです」

ダイヤモンドな君たちに贈る授業

『16歳からの起業塾』を始めたことで、NBK・次世代人材育成委員会には、多くの教諭、高校生たちとの出会いがあった。2016年からは大阪府立大主催の「高校生起業家教育講座」と協力関係にあり、谷岡らも会場に足を運んでいる。

そこで出会った大阪府立夕陽丘高校2年の山口真由さんは、高校在学中にもビジネスを始めたいと考えている起業マインドあふれる女子生徒だ。祖父が機械メーカーの経営者で、小さなころから会社に遊びに行っていた経験から「自分も将来は会社をやりたい」と思うようになった。大阪府立大の講座で他校の生徒たちと知り合い、ビジネスプランを一緒に考える「仲間」もできたという。今は日本とオーストラリアの気候が逆転しているのを利用して、在庫を有効利用する商品流通ができないか考えている。

谷岡たちはすでにこんな生徒がいることに驚くとともに、こうした〝ダイヤモンドの原石〟は実はあちこちにいると確信している。まだ埋もれている原石たちに、「君はダイヤモンドなんだ」と気付かせてやれる、そんな授業をしていきたいと思っている。

付録

NBK月例会リポート

―起業家・鳴海禎造氏（glafit株式会社 CEO）の生き方―

ユニークで、ポジティブで、真摯！
クラウドファンディングで日本最高額を達成した
起業家・鳴海禎造氏の生き方

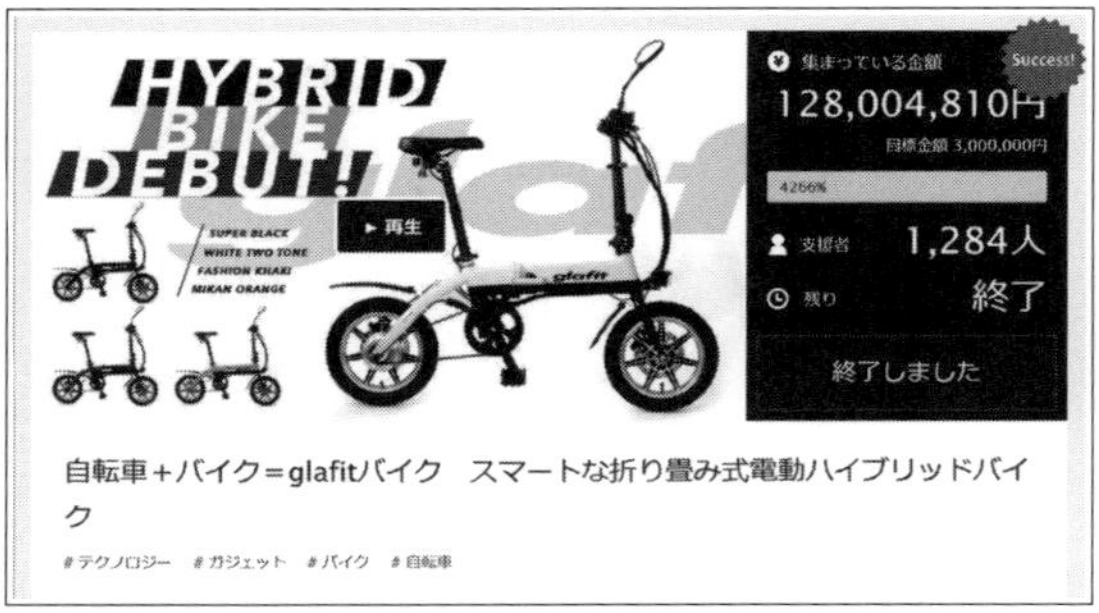

「glafitバイク」のプロジェクトで約１億2800万円を集めた。
（「Makuake」Webサイトより）

２０１８年８月、グランフロント大阪ナレッジサロン（梅田）で開催されたＮＢＫ月例会の様子をリポートします。ＮＢＫ会員でもある鳴海氏は、折りたたみ式電動ハイブリッドバイク「ｇｌａｆｉｔバイク」の製作のため、２０１７年５月、クラウドファンディングサービス『Ｍａｋｕａｋｅ』を活用し、同サービス史上日本最高の１億２８００万円（２０１８年10月15日時点）を集めたことで話題の若手起業家です。15歳から商売をしていたという彼の今日までの足跡は、極めてユニークで、ポジティブで、真摯です。起業にご興味のある方もない方も、是非、ご一読を！

■鳴海 禎造（なるみ ていぞう）氏
glafit株式会社 CEO、株式会社FINE TRADING JAPAN 代表取締役、和歌山電力株式会社 取締役
1980年、和歌山市生まれ。関西外国語大学卒業。2003年、カーショップ「RMガレージ」を個人創業。2007年、自動車輸出入業「FINE TRADING JAPAN」を個人創業、翌年に法人化。2011年に中国広東省に、2012年に香港に現地法人を設立。2012年、ブランド「glafit」を立ち上げる。2017年5月、glafit初の電動バイクを発表。9月、glafitブランドを株式会社化。

15歳〜 「個人売買情報誌」で稼ぐ

高校がアルバイト禁止だったため、欲しい物がたくさんあった私は、そのソリューションとして、商売でお金を増やすことにしました。手元資金はお年玉を貯めた数万円。「これでは欲しい服を買っただけで終わってしまう」と考えた私は、個人売買情報誌『ＱＵＡＮＴＯ』を利用して、自分が欲しくて手に入れた物を、買った値段より高く売るということをしました。ただそれだけなのですが、情報が今ほどなかった当時は、雑誌やドラマで人気が出たもの、例えばキムタクが着ていた服などがすぐ高値になったんです。いち早く手に入れることで、１万円で買った物が２万円、３万円で、２万円で買った物が６万円、７万円で売れました。

18歳〜 〝自作パソコン〟で稼ぐ

大学に進学したころは、Ｗｉｎｄｏｗｓ95からＷｉｎｄｏｗｓ98となるパソコンブームでした。インターネット時代の到来です。大学、高校でもパソコンをそろそろ導入しようとするぐらいのタイミングでしたが、私はパソコンを買ってもらえませんでした。先輩から「自分でパソコンを組み立てれば安くでできる」と聞き、試しに、通学途中にあった電気街の日本橋でパソコンのパーツをかき集め、自分で組み立ててみました。すると、3、4万円ぐらいでできて、ちゃんと動くんです。メーカーのパソコンが20万円ぐらいで販売されていたので、「これだ！」と思い、フリーペーパー『ニュース和歌山』の「譲ります」コーナーに「パソコンを格安で譲ります」と載せました。すると毎日のように電話がかかってきて、注文をいただいてから作るといった流れができました。1台約10万円で、年間100台ぐらい作っていました。

19歳〜 「Ｙａｈｏｏ！オークション」で稼ぐ

パソコン作りで貯めたお金で車を買ったのですが、それに関連して、またお金が必要になりました。そのタイミングで、「Ｙａｈｏｏ！ＪＡＰＡＮ」の登場です。早速、「Ｙａｈｏｏ！オークション（現「ヤフオク！」）」で、車のパーツを買って改造して、不要になったパーツを売るということをしていたら、周りの人からも出品を頼まれるようになりました。このころの私はバブルでしたね。毎日、「これ売れるかな？」っていろいろな所を見て回っていました。

「Ｙａｈｏｏ！オークション」ができて1年以内でビジネスとして利用していたのは、相当、早かったと思います。みんな「これだけ儲かる」って気付いていなかったように思います。おそらく、フリーペーパーや情報誌に掲載する数行の文字情報だけ、しかも銀行口座を持たない私のような売り手にでも、現金書留をきちんと送ってきてくれるんだという高校時代の経験があったからこそ、「写真があって、情報量が多くて、決済サービスが整っているインターネットで売れないはずない」と確信が持てたんだと思います。大学生の私は車を8台買って、北新地や祇園、アロチで、1回何十万円と使って遊んでいました。お金を生み出す機械を持っているという感覚でした。一般の人はインターネットで物を売買することに対しては、まだ様子見段階にありましたので、そこの感覚の違いだと思います。

22歳〜 自動車販売店の経営

もともと教員志望で、教員免許も取得していたのですが、大学卒業後もそのまま車関係の商売を続けました。「後にも先にも和歌山支店であんな貸付をした記憶はない」と未だに言われますが、国民金融公庫（当時）から２０００万円借りて店を構えました。ただ、人脈もなく、基本的にはインターネットでの販売でした。周囲は、「さすがに車みたいな高額なものはネットでは無理だ。うまくいきっこない」と言いましたが、高校、大学時代の経験から、「いけるだろう」とインターネットでの車販売に着手。３年目には売上２億円を突破したのですが、人件費などの経費もかさみ、厳しい経営状態でした。消費者金融の自動カードローン契約機「むじんくん」に行っては現金を得るという自転車操業でした。何の経営の知識もなく勢いで起業してしまったというよくあるパターンです。その後もしばらく経営状況は思わしくなく、「とにかく売上を伸ばそう」と、インターネットを使った貿易に目を付けました。これも皆さんに「うまくいきっこない」と猛反対されました。そこで、リスクを回避するため、前金制とし、ネットに車の写真とともに英語でスペックを書いて載せたところ、世界中から注文が入り、月20〜30台売れるようになったんです。これはチャンスだと、正式に貿易事業を強化することになり、和歌山市の起業家支援制度を利用し、分社して新会社をスタートさせました。資本金300万円の内、身内から200万円借りて、あと100万円は机や椅子やパソコンなどをかき集めた現物出資で認証を受け、何とか会社を立ちげました。これで、ようやくV字回復できるかと思ったのが2008年の7月。ところがその2カ月後の9月15日、リーマン・ショックが起こりました。もう輸出は絶望的です。追い込まれた私は、それならばと、輸入に切り替えました。急ぎパスポートを取って初めての海外に飛び出しました。一人で……。言葉も分からないのに、行った先は中国でした。ここでは語れないほどの紆余曲折を経て、最終的に広東省と香港に会社を設立しました。海外の自動車部品のインターネットでの輸入販売です。すると、円高を追い風に、一気に〝V字回復〟です。100円ショップやニトリさんが伸びた時代です。軌道に乗り出してすぐに、オリジナル商品をつくろうということになりました。以後、カー用品の輸入、そして自社で企画開発したカー用品の製造販売をして、インターネット以外に、卸販売もするといったビジネス形態を採るようになりました。

30代〜 大久保秀夫氏に師事、経営を学ぶ

危機的状況下、社員の結束力は強いものですが、軌道に乗り出すと、溜まっていた社員らの不満が一気に噴出しました。私自身、会社に就職したことがなかったので、会社として何もできていませんでした。ボーナスや社会保険制度もなければ、昇給もない、まさに〝スーパーブラック企業〟でした。社内的にも頭を悩ますことがあって、このころから経営に目を向けるようになります。

その時に出会ったのが、大久保秀夫氏（現・株式会社フォーバル代表取締役会長）の『The決断』と『在り方』という本でした。大久保さんは、「打倒NTT」でビジネスフォンというベンチャー事業を創り出した、まさに日本のベンチャーの第一人者とも言える方です。その大久保さんに2011年、弟子入りをし、約3年間、徹底的に学びましたが、1年以上は経営ノウハウなどといった具体的なことは一切教えてもらえませんでした。代わりに仕込まれたのが、「理念・社是・100年ビジョン」の重要性、「社会性↓独自性↓経済性」などバランスのとれたビジネスモデルであることの重要性、そして、社長も社員も「明(明るく)、元(元気に)、素(素直に)」であること、などといった、〝経営の本質〟でした。その後に、〝格上会社〟や行政と連携した事業の進め方や、事業モ

デルの変遷においていかに「軸」が大切かなどといった、経営ノウハウを学びました。

大久保さんに学んだ後、まず、当社の「理念・社是・100年ビジョン」について、半年間、考えて文章にしたものを、社員の前で読み上げました。それまで、朝礼や会議などで全社員に話すことはもちろん、会社にもあまり行かなかった私が急にそんなことをしたので、社員はびっくりです（笑）。

経営理念は……「私たちは『驚き・感動・笑顔』をベースに、社員と家族・お客様と社会に貢献し続ける企業を目指します」、社是は……「乗り物を通じて、世界中の人々に、驚きと感動と笑顔をお届けする」、100年ビジョンは……「日本を代表する次世代乗り物メーカーになる」と定めました。さらに、これらを土台に経営戦略を立てていくにあたり、「メーカー構想」、「販売店構想」が必要であると考え、構想の軸となるブランドをつくることにしました。社内公募の結果、「メーカー構想」としての『glafit』――ハッピーを意味する「glad」と、いろいろなシーンや人にフィットするようにと願った「fit」を合わせた造語――が生まれました。「販売店構想」としては、「素晴らしいもの」と「オートパーツ」を掛け合わせた「ファインパーツ」というショップタイトルが決まりました。これらのビジョンを実現するにあたり、〝和歌山から挑戦したい〟という思いも強まっていきます。

〝ビジョンと想い〟以外、何もないけれど

「100年ビジョン」に則り、「乗り物メーカー」を目指すことになったわけですが、「でもどうやって?」って話ですよね? 何もないわけですから……。ビジョンと想いがあっても、現実とのギャップは激しいわけです。例えば車をつくるとなると、部品が3万点ぐらい必要です。そこで考えました。トヨタやホンダはどうやって今に至るのか、と。実はホンダ、スズキ、日産には共通点があり、みんな初めは自転車にガソリンエンジンを付けた自転車バイクからスタートし、それが大ヒットした後、バイクを経て、車をつくっているんです。そこで、私たちも二輪車から挑戦しようということになりました。昭和20年代当時、バタバタとかペケペケとか呼ばれていた自転車型電動バイクを「ハイブリッドバイク」と定義し、私たちの次の一手は、ハイブリッドバイク――『glafitバイクGFR－01』をつくることだと決めました。

2015年、大久保さんに3度目のプレゼンで合格をいただき、「よし、この事業を進めるぞ」となったのですが、当社は過去最大の赤字を出していてお金がありませんでした。

でもこれまでの経緯を考えたらあきらめられません。やるか、やらないか。そこで、

やる場合のリスクを考えました。最悪は「つくったはいいけど売れないこと」です。周りに聞けば、「やめとけ」「売れっこない」「だれも成功してない」と言われるのは分かっていましたので、それなら世間に白黒つけてもらおうと考えました。それもできるだけたくさんの人に。かつ、単なる「いいね」ではなく、先にお金を保証してくれるような形が必要だと。それがクラウドファンディングの『Ｍａｋｕａｋｅ』を活用することだったんです。

クラウドファンディングで世の中に問う

〝乗り物メーカー〟を目指し、「ＥＶバイク」、「クラウドファンディング」、「和歌山」をポイントに、チャレンジすることが決定。商品開発を進めるとともに、開始1年前から、「私たちはどういったものをつくりたいのか、それがお客様にどういう世界をもたらすのか」ということをイメージしていただくための動画をつくりました。もちろん開発と並行しての動画制作ですから、３Ｄプリンターで商品パーツをつくるなどそれらしく見せての撮影でした。そうして満を持して、２０１7年2月ごろに『Ｍａｋｕａｋｅ』に申請、プロジェクト内容についての検討期間を経て、5月30日に、記者会見を開きました。会見では、メディアの方々に、ハイブリッドバイク「ｇｌａｆｉｔバイク」のコンセプトや性能、細かな機能について、また当社のビジョンなどを伝えさせていただきました。そうしてプロジェクトページを公開したところ、開始３時間足らずで目標金額３００万円突破、２日と20時間で４００台が全部なくなり、４５００万円に到達しました。その数日後に、「これ追加できますか？」と『Ｍａｋｕａｋｅ』から聞かれまして、資金調達の都合上、もともと１０００台つくる予定になっていたこともあり、１週間ほどで６００台を追加、再スタートした１カ月後に１億円を突破、日本一の資金調達になったという流れです。それをもって、メーカー部門を分社し、『ｇｌａｆｉｔ株式会社』を誕生させました。

経営者が、最後まで自分ですべきこと

最初の公開で追加注文いただかなければ、当社としては在庫を抱えることになったわけですが、新しいことに挑戦するにはそれくらいのリスクは覚悟の上でした。また、やったことのないことに挑戦するわけですから、当然、思ってもみなかった問題が起こります。ですが、少々の障害では止まらない、その壁を乗り越える気持ちが問われるも

のだと思っています。私自身、技術者でも、経済のことを勉強したわけでもなく、特別長けているものもありません。けれど、仕事を通じて実現させたいビジョンがあります。だからこそ、できないことが多くても、実現するために周りの協力を仰ぐ、そこが重要だと考えています。経営者が最後まで自分ですべきことは、自身で定めた経営理念のもと、ビジョンの実現を目指すこと以外にないと思います。「最も強い者が生き延びるのではなく、最も賢い者が生き延びるわけでもない。唯一、生き延びるのは変化できる者である」という言葉が好きですが、理念、ビジョンをもってその実現に向かう場合の「変化」は、「成長」と言えるのではないでしょうか。強い思いを自分の中で育てて、それをより多くの仲間と共有し、実現に向かう。そういった姿勢があれば、たいていのことは成し遂げられると思っています。

史上最高額を調達したことで「Makuake賞（GOLD）」を受賞
（2017年8月・Makuake4周年記念パーティーにて）

おわりに

２０１８年2月、『起業家教育プログラム（16歳からの起業塾）』の取り組みに対し、中小企業庁より「地域における創業に関心を持たせる継続的な取り組みである」ということで「創業機運醸成賞」を頂戴しました。東京で開催された授賞式にて、全国各地の23企業・団体とともに、表彰していただきました。

本プログラムの実施をご支援くださった公益財団法人 大阪産業振興機構様、また、出前授業『16歳からの起業塾』に興味を持ち、お声がけくださった学校様をはじめ、さまざまな形でご指導くださった先生方に、この場をお借りしまして、深く感謝申し上げます。

受賞を機に、それまで関西圏に留まっていた問い合わせが、遠く九州や関東の方からもいただけるようになり、依頼の内容も、「社員研修として実施してほしい」、「1年間の継続カリキュラムをつくってほしい」などとバリエーションに富んできています。会員らは、相変わらずの手弁当ではありますが、「ニッポンを元気にする！」との大志をもって、これらの新たな課題にエネルギッシュに挑戦してくれています。

　１９９０年の設立以来、関西、日本の活力を支える柱となるニュービジネスの創出と支援に努めてきたＮＢＫですが、その歴史を振り返りますと、設立間もなく訪れたバブル景気の終焉以降、一貫して、世の中を覆った〝閉塞感〟との闘いであったように思います。

　しかし、急速な技術革新、グローバル

化に加えたＡＩ（人工知能）の出現を受け、近年、「社長よりも公務員」などと〝超安定・安心志向〟で来た人々の価値観が大きく揺らぎつつあります。人々が「安定」ばかりが価値でないことに気付き始めた、今まさに時代の潮目にあると感じています。

そこで、２０１４年の会長拝命を機に、これからのＮＢＫの活動の軸となる新たな取り組みとして、「起業、ベンチャービジネスをテーマとした子どもたちへの教育事業」を選択しました。しかし、今の高校生といえば、就職氷河期を体験した親世代のもと育ってきた少子化世代にあたるわけで、「リスクを冒して頑張る」といった意識は極めて薄く、「起業塾」など成立するのだろうか、と正直、半信半疑でのスタートでした。

ですが、本書にもその辺りの思いを紹介しました通り、「アイデア一つで世の中に出る方法がある」「知恵を働かせば儲けられるんだ」と大人が伝えていかない限り、ニッポンの〝閉塞感〟は打破できない、長く若者を覆ってきた〝超安定・安心志向〟という封印は解けない、という思いが勝りました。そうやって若者の選択肢を広げておかないと、個人としてはもちろん、国としても大きな損失だと思うのです。

お陰さまで、当初の不安は杞憂に終わり、『16歳からの起業塾』はスタート以降、高校から順調にお声がけいただくようになり、中小企業庁より表彰いただけるまでとなりました。引き続き〝起業という火種〟を若者の心に届けることに力点を置いたプログラムの開発に努めつつ、10年間くらい地道に継続していれば、やがて起業する若者が増えてくれるのではないかと期待しています。

将来的には、大学や高校と提携し、事務局に大学生や高校生に自由に出入りしてもらい、会員らと直接、起業に関する具体的なアドバイスや情報の交換ができるようになればと構想しています。また、国や府と連携し、失敗してもまた立ち直れる、挑戦しやすいムードが醸成できるよう支援制度の充実に努める所存ですので、引き続き、NBKの活動にご注目いただければと思います。

一般社団法人 関西ニュービジネス協議会
会長　小松 範行

16歳からの起業塾

ダイヤモンドな君たちに贈る奇跡の授業

2018年12月20日第一刷発行

著　者	一般社団法人 関西ニュービジネス協議会
装　丁	斉藤 よしのぶ
イラスト(本文)	坂木 浩子(株式会社 ぽるか)
写真撮影 (行事写真等除く)	伊藤 淳一(Photo office MOAI)
発行者	税所　貴一
発行所	株式会社 どりむ社 〒530-0045　大阪市北区天神西町8-17 テンマセントラルビル 電話 06-6313-8001(代表)
印刷・製本	株式会社 シナノパブリッシングプレス

落丁・乱丁本は、お取り替えいたします。
無断転載・複写を禁じます。
価格はカバーに表示してあります。

ISBN 978-4-925155-89-2 C0030